Viajando através do alfabeto

A Reading and Writing Program for Intermediate to Advanced Portuguese

Clémence Jouët-Pastré
Harvard University

Patricia Isabel Sobral
Brown University

Exercícios de estilo, gramática e escrita baseados na obra

Dicionário do viajante insólito
Moacyr Scliar

ISBN 13: 978-1-58510-344-7

ISBN 10: 1-58510-344-6

10 9 8 7 6 5 4 3 2

Printed in the United States of America

0910BB

Índice de gramática e estilística

Prefácio

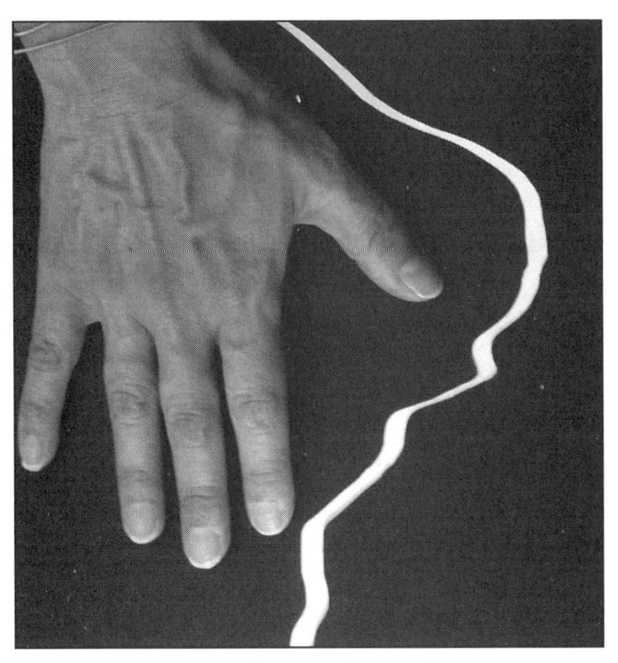

Este material foi elaborado para alunos de nível intermediário e/ou avançado que visam desenvolver a prática da leitura, da produção da fala e da escrita em português como língua estrangeira em um contexto culturalmente relevante. Para levarmos os alunos a atingir essas metas, propomos atividades diversificadas e, ao mesmo tempo, estruturadas e respaldadas em teorias de ensino-aprendizagem atualizadas. Dentre essas atividades, há algumas especialmente importantes como as que trabalham a pré e a pós-leitura e o aprofundamento dos conhecimentos gramaticais e estilísticos.

Nosso ponto de partida é o livro *Dicionário de um viajante insólito* do aclamado escritor brasileiro contemporâneo Moacyr Scliar. A escolha desse livro foi feita com base na premissa de que textos inteligentes e provocadores motivam os alunos a participarem efetivamente de discussões e debates das mais variadas naturezas. Outra razão importante para nossa escolha está diretamente relacionada ao fato de que Scliar faz múltiplas comparações entre a cultura brasileira e diversas outras com as quais se depara durante suas viagens. Ora, como bem sabemos, ao falarmos da cultura do "outro" estamos sempre falando muito sobre a nossa. Ao fazer essas comparações, Scliar não apenas revela aspectos às vezes um tanto sutis da cultura brasileira, mas também provoca e pode até mesmo deixar perplexo, por exemplo, "um olhar americano". A sensação de perplexidade certamente também estimulará um desejo de debater e discutir. Essas discussões, que procuramos incentivar o tempo todo, têm dois objetivos principais. O primeiro é fazer com que os alunos dêem suas opiniões em português sobre assuntos relevantes. O segundo é fornecer instrumentos para que os alunos desenvolvam textos coerentes, coesos e gramaticalmente corretos. Tal objetivo pode ser perfeitamente atingível depois da intensa prática do discurso argumentativo oral, baseada nos textos de Scliar. A leitura e o debate da produção de Scliar, aliados aos exercícios e explicações gramaticais e estilísticos, certamente prepararão os alunos para escrever textos bem construídos na língua alvo.

Como em todo campo de estudos, há muita divergência na área de Ensino-Aprendizagem de Línguas Estrangeiras e em Educação em geral. No entanto, há pouquíssimas premissas aceitas quase que com unanimidade. Uma delas é que "novas informações, novos conceitos, novas idéias só fazem sentido para um indivíduo quando podem ser relacionados com algo que este já conhece" (Kant citado em Carrell,[1] 1984: 332). É nessa premissa que calcamos nosso trabalho. O título do livro de Scliar já revela muito do substrato teórico que embasa nossa produção de materiais dirigidos ao desenvolvimento do Português como Língua Estrangeira. Haveria algo mais relevante do que um dicionário para quem está aprendendo uma língua estrangeira? E quais seriam os principais motivos para se aprender uma língua estrangeira? Se fizéssemos essa pergunta a um enorme contingente de pessoas, provavelmente teríamos uma enorme lista de respostas. Mas a possibilidade e o desejo de viajar seriam, com toda a certeza, um objetivo amplamente citado. Além disso, com o desenvolvimento dos meios de transporte, as possibilidades de fazer viagens tornaram-se muito mais acessíveis para a população em geral. E "insólito", como essa palavra um tanto incomum poderia estar relacionada ao conhecimento prévio de um aprendiz de línguas estrangeiras? Ora, bem sabemos que com a globalização e a crescente massificação em praticamente todos os setores da vida pública, o desejo de se destacar, de ser diferente torna-se cada vez mais forte na população. Portanto, ainda que o aluno não conheça a palavra "insólito", as chances são muito grandes de que conheça seu sentido e de que até mesmo se identifique profundamente com ele.

O livro de Scliar é muito mais do que um simples dicionário. Na verdade, trata-se de uma coleção de crônicas concisas e elegantes que aborda questões que giram em torno de uma prática que sempre fascinou a humanidade: as viagens. Cada uma das crônicas tem em seu título uma das letras do alfabeto em destaque. Portanto, vem daí o nome "Dicionário", ou seja, as crônicas são construídas e organizadas como se fossem verbetes de um dicionário de viagens.

Dividimos o presente trabalho em vinte e seis capítulos, ou seja, um para cada letra do alfabeto. Além disso, escrevemos uma introdução cujo objetivo é familiarizar o aluno não somente com o texto de Scliar, mas também apresentá-lo a nossa metodologia de trabalho. Cada um de nossos capítulos começa com uma, ou às vezes mais de uma, atividade de pré-leitura a fim de preparar o aluno para abordar a crônica de Scliar tanto do ponto de vista de conhecimento de mundo quanto do ponto de vista lingüístico e estilístico. Essa primeira parte é, em geral, feita oralmente, com todo o grupo-classe, sob a liderança direta do professor e preferencialmente na aula anterior à leitura da crônica em questão. Depois de feita a leitura do texto, há uma série de exercícios de interpretação, compreensão e pequenas tarefas a serem realizados em pares ou pequenos grupos. A

1 Carroll, P. (1984). "Schema Theory and ESL Reading: Classroom Implications and Applications." The Modern Language Journal, Vol. 68, No. 4 (Winter, 1984) pp. 332–343.

terceira parte tem como objetivo desenvolver um trabalho mais aprofundado e sofisticado com a linguagem. Como o objetivo principal do livro é desenvolver a leitura e a escrita, apresentamos revisões sucintas de pontos gramaticais salientes na crônica abordada no capítulo. Em seguida, oferecemos exercícios de gramática ancorados na crônica e, portanto, totalmente contextualizados. Fechando a parte do tratamento lingüístico-retórico, propomos exercícios de vocabulário e de estilo. Esta parte pode ser feita tanto de modo individual quanto coletivo. Muitas vezes o professor pode conduzir o trabalho de modo a pedir que os alunos preparem parte dos exercícios individualmente e parte deles coletivamente. Trata-se, portanto, de uma abordagem bastante flexível. Sugerimos, porém, que sempre haja comentários orais para todo o grupo-classe. Outra sugestão é que o professor apresente, quando for possível, mais de um ponto de vista sobre tudo o que for ambíguo ou digno de debate. Acreditamos que o aluno escreverá textos mais criativos através da prática do debate e da apresentação de várias interpretações tanto de texto como de exercícios lingüísticos e/ou de estilo. Para culminar o minucioso trabalho desenvolvido ao longo do capítulo, propomos que os alunos escrevam seus próprios relatos de viagem, reais ou imaginárias, com base na letra do alfabeto em torno da qual Scliar constrói sua crônica.

Uma sugestão final, é que o professor insista desde o princípio que os alunos estão escrevendo um livro e não apenas uma mera coleção de redações cujos temas são completamente independentes. Portanto, uma idéia seria "construir", logo após a primeira letra, uma capa para o livro. Esta capa poderá ser feita de material reciclável: uma simples folha de papelão em que os alunos colocarão seus nomes e um título provisório para o livro. Conforme o processo for se desenrolando ao longo do semestre, os alunos poderão mudar o título dos livros e personalizar as capas com colagens, pinturas, etc. Ao final do semestre, seguindo a boa tradição da literatura de cordel, os alunos poderão literalmente pendurar seus livros em um longo barbante que passará por toda a sala de aula. Os colegas da turma poderão examinar os diversos livros e cada um deles escolherá um exemplar. Finalmente, cada aluno lerá em voz alta uma das crônicas de um dos colegas.

À guisa de conclusão, *Viajando através do alfabeto* é um convite a todos para visitar o Brasil e outros espaços geográficos e tornar-se mais proficientes em português através dessa imersão cultural. Exatamente como em um dicionário, as possibilidades são vastas e as combinações sobre o que fazer com esse livro didático parecem infinitas.

Introdução

Parte A

Vamos ler e discutir um livro intitulado "Dicionário do Viajante Insólito".

1. O que este título evoca?
2. O que quer dizer "insólito"?

   A definição de "insólito", segundo o Dicionário Aurélio, é a seguinte: não sólito; desusado; contrário ao costume, ao uso, às regras; inabitual;

   Ainda, segundo o Aurélio, os sinônimos de "insólito" são: anormal; incomum; extraordinário.

   Agora é a sua vez: quais são os antônimos de insólito?

Parte B

Discuta as perguntas abaixo:

3. Que tipos de dicionários existem?

   Etimológicos, ...

4. Você gosta de ler dicionários? Consulta-os freqüentemente? Quais são seus dicionários preferidos (prediletos, favoritos)?
5. Você tem o costume de ler notas de rodapé?
6. Você gosta de viajar? Para onde gostaria de fazer sua próxima viagem?
7. Você se considera um viajante insólito? Por quê?
8. Imagine três argumentos que uma pessoa que adora viajar usaria para defender seu ponto de vista.

   Viajar é bom porque:

9. Imagine três argumentos que uma pessoa que detesta viajar usaria para defender seu ponto de vista.

   Viajar é ruim porque:

Parte C

O autor do "Dicionário" relacionou cada letra do alfabeto a um acontecimento importante relacionado a viagens. Por exemplo, "A" de "Aeroporto". Como você faria essas associações?

A ______________________________
B ______________________________
C ______________________________
D ______________________________
E ______________________________
F ______________________________
G ______________________________
H ______________________________
I ______________________________
J ______________________________
K ______________________________
L ______________________________
M ______________________________
N ______________________________
O ______________________________
P ______________________________
Q ______________________________
R ______________________________
S ______________________________
T ______________________________
U ______________________________
V ______________________________
W ______________________________
X ______________________________
Y ______________________________
Z ______________________________

A de Aeroporto

Houve época em que o romantismo das viagens estava ligado ao cais do porto ou à estação ferroviária — essa última sobretudo no século dezenove, quando a "arquitetura do ferro", de que fala Walter Benjamin, produziu elegantes gares. Depois veio o avião, e o aeroporto assumiu definitivamente o papel de trampolim para o longínquo, para o desconhecido.

É um lugar bonito, o aeroporto. Dizem que nos países atrasados há pelo menos três lugares que impressionam os visitantes: o parlamento, o palácio do governo e o aeroporto. Mas para chegar ao palácio ou ao parlamento é preciso primeiro passar pelo aeroporto. Que é, assim, o cartão de visita número um. Daí o esplendor. Daí o conforto.

Não importa que a região seja tropical, com termômetros marcando temperaturas elevadíssimas: no aeroporto o ar condicionado proporciona sempre um fresco refúgio. E há bares, e restaurantes, e livrarias, e butiques. Sem falar no grande terraço.

Sempre há gente no terraço. Não são os *frequent travellers,* os viajantes habituais; estes já estão cansados de ver aviões decolando ou pousando. Não, os visitantes do terraço são outros. É gente que vem de longe para conhecer o aeroporto. Para muitos, espetáculo significa um concerto, uma peça de teatro; para pessoas que moram no interior, e sobretudo para os jovens, espetáculo é o que se descortina do terraço. Alugam um ônibus de excursão e viajam às vezes muitas horas. Toda a sua experiência de aeroporto se resumirá a isto, àquelas poucas horas que ali ficarão, apoiados no parapeito, mirando extasiados as aeronaves. Pela primeira e, em muitos casos, pela última vez: a barreira entre pobres e ricos separa também aqueles que viajam de avião e aqueles que sonham com essa possibilidade. Penso na faxineira que um dia, no aeroporto, me perguntou se eu ia para o Rio. Não, eu ia para São Paulo. O meu sonho era conhecer o Rio, suspirou ela, acrescentando:

— Mas se eu pudesse ir até Santa Catarina também já estava bom.

O aeroporto é assim: um lugar de sonhos. E de vida provisória. A existência fica, enganosamente embora, em suspenso, enquanto os alto-falantes anunciam, monotonamente, a chegada e a partida de vôos. Algumas pessoas lêem, outras caminham; eu escrevo. Sempre achei que o aeroporto fosse um lugar ideal para escrever, sobretudo ficção. Que exige, como disse Coleridge, *that willing suspension of disbelief*, aquela momentânea suspensão da incredulidade sem a qual nem escritor nem leitor abandonam a realidade. Tudo, no aeroporto, colabora para tal: a arquitetura futurista, a distância da cidade, a imaculada limpeza do chão, o brilho espectral dos monitores que indicam números de vôos, horários e portões. O aeroporto é ficção ancorada na realidade.

Parte A: Desencadeando a fala antes da leitura

1. Quais são seus hábitos de consulta ao dicionário?

   Por exemplo:

   Você está lendo um texto e não entende uma das palavras.
   O que você faz?

   - Imediatamente abre o dicionário e procura o sentido da palavra?
   - Sublinha a palavra, tenta entender o que ela significa usando o contexto oferecido pelo próprio texto e consulta o dicionário somente ao final da leitura?

   Etc, etc, etc.

2. Seus hábitos de consulta ao dicionário variam conforme a língua que você está lendo e/ou mídia com a qual está em contato (vendo um filme no cinema ou em seu vídeo, ouvindo música, etc)?

3. Qual é o sentido da palavra "verbete"?

   Segundo o Dicionário Aurélio, "verbete" significa:

   Na organização dum dicionário, glossário, ou enciclopédia, o conjunto das acepções e exemplos respeitantes a um vocábulo.

Parte B: Desencadeando a fala após a leitura

4. Faça, oralmente, um resumo do primeiro verbete/crônica "A" do "Dicionário".

5. Segundo o autor, quais são os três lugares que impressionam os visitantes nos países "atrasados"? Você concorda com esta idéia?

6. Por que, de acordo com o autor, o aeroporto é um lugar que fascina?

7. Como é que a escrita e o espaço físico do aeroporto estão interligados na opinião do autor?
8. Na sua opinião, o aeroporto é um bom lugar para...? E o aeroporto não é um bom lugar para...
9. Qual foi a pior experiência que você já teve num aeroporto? E a melhor?
10. Qual é o seu aeroporto favorito? Por quê? De qual aeroporto você não gosta? Por quê?

Parte C: A estilística e a gramática com estilo

11. Como podemos viajar? Cite diferentes meios de transporte.
12. Dê o nome de três países que começam com a letra "A". Como se chamam os habitantes desses países. Agora, escreva algo que você saiba sobre um desses países e/ou os seus cidadãos.
13. Dê um sinônimo para cada uma das seguintes palavras:

    Gare
    Refúgio
    Descortina (descortinar)

14. Dê um antônimo para cada uma das seguintes palavras:

    Longínquo
    Sonhos
    Provisória

Revisão: verbos regulares e irregulares no presente do indicativo

Verbos regulares

- ar - ANDAR	- er - BEBER	- ir - ASSISTIR
Eu ando Tu andas Você/ele, ela anda Nós andamos Vocês/eles, elas andam	Eu bebo Tu bebes Você/ ele, ela bebe Nós bebemos Vocês/eles, elas bebem	Eu assisto Tu assistes Você/ ele, ela assiste Nós assistimos Vocês/eles, elas assistem

Verbos irregulares: alguns comumente usados

SER -	- ESTAR -	- TER -
Eu sou Tu és Você/ ele, ela é Nós somos Vocês/eles, elas são	Eu estou Tu estás Você/ ele, ela está Nós estamos Vocês/eles, elas estão	Eu tenho Tu tens Você/ ele, ela tem Nós temos Vocês/eles, elas têm
- PÔR -	**- PODER -**	**- VER -**
Eu ponho Tu pões Você/ ele, ela põe Nós pomos Vocês/eles, elas põem	Eu posso Tu podes Você/ ele, ela pode Nós podemos Vocês/eles, elas podem	Eu vejo Tu vês Você/ ele, ela vê Nós vemos Vocês/eles, elas vêem
- VIR -	**- TRAZER -**	**- QUERER -**
Eu venho Tu vens Você/ ele, ela vem Nós vimos Vocês/eles, elas vêm	Eu trago Tu trazes Você/ ele, ela traz Nós trazemos Vocês/eles, elas trazem	Eu quero Tu queres Você/ ele, ela quer Nós queremos Vocês/eles, elas querem
- FAZER -	**- SABER -**	**- DIZER -**
Eu faço Tu fazes Você/ ele, ela faz Nós fazemos Vocês/eles, elas fazem	Eu sei Tu sabes Você/ ele, ela sabe Nós sabemos Vocês/eles, elas sabem	Eu digo Tu dizes Você/ ele, ela diz Nós dizemos Vocês/eles, elas dizem
- IR -	**-DAR -**	**- RIR -**
Eu vou Tu vais Você/ ele, ela vai Nós vamos Vocês/eles, elas vão	Eu dou Tu dás Você/ ele, ela dá Nós damos Vocês/eles, elas dão	Eu rio Tu ris Você/ ele, ela ri Nós rimos Vocês/eles, elas riem

Prática

15. Complete o diálogo com um dos verbos abaixo no presente do indicativo.

    ir, ter, existir, saber, achar, ser, trazer, poder, fazer, lembrar, querer

Marcos: Você não ____________ essa crônica um pouco antiquada?

Gabriela: Como assim?

Marcos: Acho que hoje em dia ninguém mais ____________ a aeroportos para se divertir.

Gabriela: Mesmo as pessoas que não ____________ recursos para lazer que custam mais caro?

Marcos: Não tenho certeza. Mas, ____________ tantas outras possibilidades de lazer a baixo custo que não ____________ acreditar que ainda há pessoas que ___ excursões a aeroportos.

Gabriela: Pode ser que você tenha razão a este respeito. Confesso que não _______ nada sobre esse assunto. Até ____________ saber mais sobre o tema depois do que você me disse.

Marcos: Pode deixar. Vou fazer uma pesquisa na Internet e amanhã ___________ os resultados para você.

Gabriela: Obrigada. Mas, de qualquer modo, ainda que os resultados mostrem que se trata de uma forma de lazer antiquada, essa crônica ____________ muito atual para mim.

Marcos: Verdade? Por quê?

Gabriela: Porque me ____________ de minha infância. Já vi muitas crianças pobres se divertindo em um ensolarado domingo no aeroporto de Congonhas.

16. Quem faz o quê?

Eu	Paula e Cristina
Viajar de primeira classe	Viajar de classe econômica
Gostar de fazer compras no aeroporto	Não ter dinheiro para tomar vôos diretos.
Detestar fazer escalas	Fazer muitas escalas

Nós	Carlos
Trazer sempre um livro para ler no aeroporto	Sempre pôr roupas desconfortáveis quando viaja
Saber escolher bem as melhores épocas para viajar	Detestar comida de avião
Sempre pôr roupas confortáveis para viajar	Ir ao aeroporto todas as semanas

Exemplo: Quem vai ao aeroporto todas as semanas?
Carlos vai.

a. Quem viaja de classe econômica?
b. Quem sempre põe roupas confortáveis para viajar?
c. Quem detesta comida de avião?
d. Quem faz muitas escalas?
e. Quem não tem dinheiro para tomar vôos diretos?
f. Quem sabe escolher bem as melhores épocas para viajar?
g. Quem detesta fazer escalas?
h. Quem sempre põe roupas desconfortáveis quando viaja?
i. Quem sempre traz um livro para ler no aeroporto?
j. Quem sempre viaja de primeira classe?

Definição de estilo e de figuras de linguagem.

No campo de estudos da linguagem, "estilo" era comumente definido como qualquer desvio do modo padrão de expressão. Hoje em dia esta definição é questionada na medida em que o próprio conceito do que é padrão de expressão não é mais aceito. Acredita-se que estilo é "a escolha que pode ser feita em qualquer texto dentro de um certo número de expressões disponíveis em qualquer língua"[1]. Ou seja, há muitas maneiras de escrever ou dizer a mesma coisa, portanto fica inviável falar de padrão de expressão. Por exemplo, para dizer que você tem medo de viajar de avião há diversas opções tais como:

a. Tenho medo de voar.
b. Tenho medo de subir nas asas desses pássaros de aço.
c. Morro de medo de avião.
d. Fico engasgada toda vez que tenho de voar.
e. Tenho pânico de voar.

1 Ducrot, O, and Todorov, T. (1972 : 383). *Dictionnaire encyclopédique des sciences du languages*. Paris: Seuil.

Como vimos acima, estas formas de expressão envolvem curiosos formatos. A palavra "avião", por exemplo, torna-se o verbo "voar" ou "pássaros de aço" e a palavra "medo" é expressa através de "pânico" ou do particípio passado "engasgada". Estas diversas formas são normalmente denominadas de figura de linguagem. "Avião" aparentemente não tem nada a ver com "pássaros", no entanto, examinando mais de perto, percebe-se que ambos têm algo muito importante em comum: a capacidade de voar. Trata-se de uma metáfora, uma das figuras de linguagem mais conhecidas.

O conhecimento de figuras de linguagem é bastante útil quando escrevemos, pois temos acesso a uma vasta gama de formas de expressão. A possibilidade de escolher diferentes modos de expressão garante um texto mais rico em vários níveis: vocabulário mais amplo, possibilidade de expressar nuances das mais sutis, efeitos poéticos, irônicos, etc.

Tendo em vista que este livro pretende trabalhar com a escrita, vamos explorar figuras de linguagem em cada um dos capítulos. O objetivo maior é que o estudante não apenas conheça as figuras de linguagem para fazer os exercícios propostos, mas que passe a usá-las em sua escrita cotidiana.

As figuras de linguagem já foram categorizadas de vários modos. Neste livro vamos dividi-las em "figuras de pensamento (tropos)" e em figuras de linguagem propriamente ditas. As figuras de pensamento ou tropos[2] (palavra grega que significa mudança de direção) são palavras usadas de modo diferente de seu sentido comum. Dizemos que há uma "mudança de direção" em seu uso mais corriqueiro. Por sua vez, os tropos podem ser divididos em duas categorias. A primeira depende de uma comparação entre dois objetos muito diferentes ou de uma transferência de qualidades associadas a um objeto, experiência ou conceito para outro que não esteja literalmente ligado a ele. Exemplos dessas figuras seriam a símile, a metáfora, a personificação, a sinédoque, a falácia e a metonímia. A segunda categoria depende de 1) um contraste entre dois níveis de sentido ou 2) da mudança de um contraste entre dois níveis de sentido 3) ou ainda da mudança de um nível para outro. Exemplos dessa categoria seriam a ironia, o paradoxo, o oxímoro, a preterição, a hipérbole e a perífrase. As figuras de linguagem propriamente ditas são expressas através da mudança na ordem usual das palavras para criar efeitos especiais. Exemplos dessas figuras seriam o apóstrofe, a questão retórica, a anáfora, e a antítese.

Para uma lista e explicações mais completas das figuras de linguagem, consulte o Apêndice 1 deste livro.

2 Texto baseado em Hamilton, S. (2007). *Essential Literary Terms*. New York, London: W. W. Norton & Company.

Figuras de linguagem

Neste capítulo vamos estudar duas figuras de linguagem: a metonímia e o polissíndeto.

a. metonímia: figura de linguagem que consiste no emprego de um termo por outro, dada a relação de semelhança ou a possibilidade de associação entre eles.
b. o polissíndeto: aplica-se à coordenação de várias palavras, através da repetição de uma ou mais conjunções ou preposições. A palavra "polissíndeto" é de origem grega e baseia-se nas partículas "poly" (que se traduz como "muitos") e "syndeton" (que expressa a ligação entre vários elementos).

Prática

17. Escreva os nomes das figuras de linguagem expressas nas seguintes passagens.
    - "E há bares, e restaurantes, e livrarias, e butiques."
    - "[...] o aeroporto assumiu definitivamente o papel de trampolim para o longínquo [...]"
18. Agora é sua vez! Construa uma oração usando uma das figuras de linguagem que acabamos de aprender.
19. Escreva sua letra "A" para incluir em seu *Dicionário do viajante insólito.*

Portuguese-English Vocabulary List

Substantivos

Aeronaves *f*	aircrafts; airships
Alto-falante *m*	speakers
Aeroporto *m*	airport
Bar *m*	bar
Butique *f*	boutique
Cais do porto *m*	dock; pier
Estação ferroviária *f*	train station
Faxineira *f*	cleaning person (*f*)
Limpeza *f*	cleanliness
Livraria *f*	bookstore
Palácio do governo *m*	government palace
Parlamento *m*	parliament
Restaurante *m*	restaurant
Vôo *m*	flight

Adjetivo

Imaculada (o) *m/f*	immaculate
Provisória (o) *m/f*	temporary

Verbos

Alugar	to rent
Ancorar	to anchor
Apoiar	to rely upon, to support
Decolar	to take off, to lift off
Descortinar	to disclose, expose to view; show, reveal
Enganar	to trick
Pousar	to land
Proporcionar	to provide; to offer
Sonhar	to dream
Suspirar	to sigh

B de Briga

Quem viaja, em geral, está numa boa, em paz com o mundo. Mas, em viagem, uma briga ou outra será inevitável; alguma vez teremos de reclamar, num hotel ou num restaurante, do mau atendimento. Mas tudo bem — se podemos reclamar. Se a pessoa a quem nos dirigimos nos entende (se vai nos dar bola ou não, é outro problema).

O que fazer, porém, quando queremos bater boca com uma pessoa que não tem nenhum idioma em comum conosco? Passei por uma situação assim em Praga.

Da cidade, levávamos várias recordações — a casa de Kafka, o centenário bairro judaico — e outras tantas decepções: por exemplo, o mercado negro de dólares, pouco compatível com a moral socialista ainda vigente naquela época. Uma atividade que já demonstrava, de forma eloqüente, como é difícil impor os valores do coletivismo. O capitalismo, pragmático, compra as pessoas. E, à época, comprava bem. O dólar era então moeda forte.

No terminal aéreo tomamos o transporte da lumpenburguesia — o ônibus para o aeroporto. Estava quase lotado. Sobravam dois lugares, separados. Num, minha mulher sentou. Noutro, eu sentei. Ela ia ao lado de uma velhinha magrinha. A meu lado, um russo gordo.

Gordo, não. Imenso. Uma formidável massa humana, um espanto em termos de obesidade. No momento em que o vi descobri por que os soviéticos estavam passando fome: o brutamontes decerto consumia 90% do alimento disponível no campo socialista.

Sentei-me na beira do banco, com malas e pacotes — uma posição de extrema precariedade. Que o homem nem notou. Outro teria se encolhido, numa tentativa de proporcionar mais espaço ao companheiro de viagem. O russo sequer o tentou.

(A propósito, como sabia eu que era russo? Bem, eu sabia. Essas coisas são intuitivas. E são mais intuitivas num descendente de russos, como é o meu caso.)

Tão logo o ônibus deu a partida, verifiquei que meu equilíbrio era extremamente precário. A cada curva, e curvas havia muitas, eu tinha de me segurar para não cair, e num momento quase caí mesmo. Quanto ao russo, olhava a paisagem com ar enfastiado.

Aquilo me deu raiva. Viajar decentemente num ônibus cuja passagem a gente paga é um direito de qualquer passageiro. Pode não figurar no rol dos direitos humanos fundamentais — pelos quais tantos dissidentes haviam lutado — mas era, sim, um direito. Pelo qual eu brigaria.

Comecei a empurrar o homem para o canto. A princípio disfarçadamente, como convém à atividade guerrilheira, e logo — não tendo obtido resultado — furiosamente.

Inútil. O homem estava mais firme que os Montes Urais. Minhas subdesenvolvidas energias nada podiam contra aquela mole humana. E minha derrota foi selada quando ele, mediante um simples-movimento (acompanhado de um suspiro de tédio), quase me atirou à distância.

A essa altura, qualquer esperança de conquistar espaço vital estava perdida. A derrota selada, tudo que eu podia esperar era manter-me sentado, aparentando alguma dignidade. Resisti bravamente; afinal, a honra do Terceiro Mundo estava em jogo. Mais: tentei aparentar indiferença, assobiando um sambinha. E quando já não conseguia manter minha posição — eis que o aeroporto aparece.

O russo sumiu. Mas, ao longo dos anos, tenho evocado sua figura. E coloco-a — minha vingança — no Afeganistão, na Tchetchênia. Em qualquer lugar em que ele tenha, como eu, de lutar por seu espaço.

Parte A: Desencadeando a fala antes da leitura

1. Por que "brigas" (físicas ou verbais) tendem a ocorrer durante viagens?
2. Você já presenciou alguma briga durante uma viagem? Conte como foi.

Parte B: Desencadeando a fala após a leitura

3. Faça, oralmente, um resumo do verbete/crônica "B" do "Dicionário".
4. Quais são algumas das dificuldades que temos ao não falar a língua dum país?
5. Por que o autor sabe que o homem a seu lado é russo?
6. Há no texto indícios de que o autor é brasileiro? Quais?
7. O que você acha do termo "Terceiro Mundo"?
8. Qual é a mensagem principal da crônica?
9. Você já "brigou" durante alguma viagem? Descreva o acontecimento.

Parte C: A estilística e a gramática com estilo

10. Dê o nome de três países que começam com a letra "B". Como se chamam os habitantes desses países? Agora, escreva algo que você saiba sobre um desses países e/ou os seus cidadãos.
11. Dê um sinônimo para cada uma das seguintes palavras:

    Lotado
    Enfastiado
    Notou (notar)

12. Dê um antônimo para cada uma das seguintes palavras:

    Separados
    Eloqüente
    Pragmático
    Empurrar

13. Em "B" Scliar usa algumas expressões típicas da língua familiar/informal. Extraímos algumas delas e as organizamos em uma lista que também contém expressões formais. Analise essa lista e assinale as expressões que você considera informais/familiares.

    ( ) Moeda forte
    ( ) Estar numa boa
    ( ) Dar bola
    ( ) Bater boca
    ( ) Mole humana
    ( ) Lumpenburguesia

14. Em ambientes familiares e informais, algumas pessoas costumam falar "gírias" [em inglês "slang"]. Você conhece gírias em português? Quais?

Revisão: verbos regulares e irregulares no imperfeito do indicativo

Definição: O imperfeito é usado para exprimir o passado se o *desenvolvimento* ou a natureza da ação forem enfatizados, sem referência a seu início ou a seu final.

Exemplo: Em viagens, sempre brigávamos.

Usos:

(1) Descrição no passado. Ex: O senhor era alto e gordo.

(2) Indicação de hora no passado. Ex: Eram duas horas da tarde quando...

(3) Indicação de ação planejada, mas não realizada. Ex: Eu ia brigar, mas...

(4) Ações que ocorrem concomitantemente no passado. Ex: Enquanto o homem comia, eu escrevia.

(5) Ação habitual no passado. Ex: Eu pegava o avião sempre no mesmo horário.

Imperfeito: formas regulares

BRIGAR	BATER	SUMIR
Eu brigava	batia	sumia
Tu brigavas	batias	sumias
Você / ele, ela brigava	batia	sumia
Nós brigávamos	batíamos	sumíamos
Vocês / eles, elas brigavam	batiam	sumiam

Imperfeito: formas irregulares
Só há quatro verbos irregulares

SER	TER	IR	VIR	PÔR
Eu era	tinha	ia	vinha	punha
Tu eras	tinhas	ias	vinhas	punhas
Você / ele, ela era	tinha	ia	vinha	punha
Nós éramos	tínhamos	íamos	vínhamos	púnhamos
Vocês / eles, elas eram	tinham	iam	vinham	punham

Prática

15. Completar com um dos verbos no passado.

    sonhar, procurar, estar, comer, permitir-se, jantar, encher, divertir-se, começar, andar, ficar, adorar, ser, ter, ir

    Antigamente, nós ____________ viajar. Meses antes ____________ a fazer as malas. ____________ com o dia da partida. Como não ____________ muito dinheiro, estas ____________ ocasiões raras. Acho que é por isso que ____________ tão animados. Durante a viagem, nós ____________ loucamente. a todos os museus e pontos turísticos. Ao fim do dia, ____________ sempre exaustos, mas felizes!

    ____________ tanto que nossos pés se ____________ de bolhas. ____________ economizar e, portanto, só ____________ sanduíches. Mas, às vezes nos ____________ uma extravagância e ____________ em um excelente restaurante.

    Como tenho saudade daqueles velhos tempos!

Figuras de linguagem

Neste capítulo vamos estudar duas figuras de linguagem: a hipérbole e a elipse.

a. hipérbole: ênfase exagerada.
b. elipse: supressão de um termo que pode ser facilmente subentendido pelo contexto lingüístico ou pela situação.

Prática

16. Escreva os nomes das figuras de linguagem expressas nas seguintes passagens.
    - "Sobravam dois lugares, separados. Num, minha mulher sentou. Noutro, eu sentei."
    - "No momento em que o vi descobri porque os soviéticos estavam passando fome: o brutamontes decerto consumia 90% do alimento no campo socialista."
17. Nessa crônica há muitas hipérboles. Encontre, pelo menos, mais duas.
18. Agora é sua vez! Construa uma oração usando uma das figuras de linguagem que acabamos de aprender.
19. Escreva sua letra "B" para incluir em seu *Dicionário do viajante insólito.*

Portuguese-English Vocabulary List

Substantivos

Briga *f*	fight; argument
Decepção *f*	disappointment
Derrota *f*	failure; loss
Raiva *f*	anger
Tédio *m*	boredom
Vingança *f*	revenge

Adjetivo

Enfastiado (a) *m/f*	disgusted; annoyed
Furioso (a) *m/f*	furious
Precário (a) *m/f*	precarious

Verbos

Cair	to fall
Empurrar	to push
Lutar	to fight
Notar	to notice
Proporcionar	to provide; to offer
Reclamar	to complain
Resistir	to resist

C de Cemitérios

Cemitérios, sim. Por que não? Como disse o escritor Max Frisch, temos amigos entre os mortos, amigos de cuja existência às vezes nem suspeitamos e que aguardam quietos a nossa visita.

E há cemitérios famosos a visitar: o de Arlington, em Washington, o de Père Lachaise, em Paris, o de Highgate, em Londres. Famosos, claro, pelas celebridades que lá descansam.

Em Highgate está o túmulo de Marx, que, como sabemos, morreu várias vezes. Morto, ele contudo vive; o marxismo tem sido questionado e até ridicularizado, mas a singular figura daquele que uniu a teoria à paixão continua a exercer fascínio. Por isso Highgate é um lugar de peregrinação. Vocês têm de ver o busto de Marx, insistiu a nossa amiga Adela, à época uma fervorosa militante esquerdista. Fez questão de nos levar até lá de carro.

Era uma tarde de inverno, escurecia rapidamente. Adela estacionou a alguma distância do cemitério. Tínhamos de nos apressar, disse.

O acesso a Highgate estava a cargo de um grupo de senhoras da comunidade, que voluntariamente cuidavam do lugar.

O zelo que observavam no cumprimento do horário era, segundo Adela, menos devido à pontualidade britânica que ao instinto reacionário das damas.

Não deu outra. Quando lá chegamos, uma idosa *lady* preparava-se para fechar o portão. Adela gritou-lhe que esperasse um pouco. O apelo caiu em ouvidos moucos; a guardiã sequer lhe respondeu. Adela correu e colocou o pé, impedindo que o portão fosse fechado. Travou-se então uma espécie de luta de classes, Adela gritando que nós éramos estrangeiros, que tínhamos o direito de ver Marx, a mulher resistindo. À semelhança da Pasionaria — Dolores Ibarruri, grande líder da esquerda na Guerra Civil Espanhola — ela podia bradar, mas com indiscutível desprezo direitista: "No pasarán!" Eu tentava convencer Adela a abandonar o combate: podíamos voltar outro dia, não valia a pena brigar. Mas ela não desistiria. Aquela altura o que estávamos presenciando era a batalha final entre as forças do progresso e da reação.

A reação venceu. Num derradeiro esforço a mulher conseguiu fechar o portão, mantendo-nos do lado de fora. Fomos embora. Vencidos, mas não derrotados: anos depois voltei a Highgate, com meu filho Beto. Era de manhã, conseguimos entrar sem outro problema que não a insistência do zelador; ao contrário da velha senhora de antanho, ele queria contar a história do Karl — em troca, naturalmente, de alguma grana. Quando eu lhe disse que estava suficientemente informado sobre o assunto, foi embora praguejando. Ficamos por ali, entre os túmulos de vários revolucionários que silenciosamente escoltam o fundador do marxismo. Quando saímos o Beto me perguntou duas coisas: 1) a que hora iríamos almoçar, e 2) quem era mesmo o homem cujo busto acabáramos de ver. Com o que eu concluí que, se a história não chegou a seu fim, está perto.

Highgate é glorioso em sua melancolia; mas meu campo-santo inesquecível é o de Amherst, pequena cidade de Massachusetts onde passei um mês, num seminário de saúde pública. Aos domingos, eu costumava ir ao pequeno e antigo cemitério para ler as inscrições nas antigas lápides, algumas datando do século dezoito. Poético, aquele lugar: sem dúvida ali se inspirou Emily Dickinson (1830-1886) quando escreveu o seu famoso poema:

> Morri pela beleza e mal estava
> no túmulo acomodada,
> quando veio habitar a scpultura ao lado
> alguém que a verdade defendera.
>
> Suave perguntou: "Por que morreste?"
> "Pela beleza", respondi.
> "E eu pela verdade. São ambas uma só.
> Irmãos é o que somos", ele disse.

E como parentes que à noite se encontram,
entre os jazigos conversamos,
até que o musgo cresceu sobre nossos lábios
e cobriu nossos nomes.

Não visitei a casa de Emily Dickinson, que transformou sua imensa solidão em lírica poesia. Mas, no cemitério, havia o túmulo de uma mulher que deve ter sido igualmente admirável, se não na dimensão da beleza, então na dimensão da verdade. "Ela fez o que pôde", dizia o epitáfio, colocado pelo marido e pelos filhos. O que pôde: não mais, mas também não menos. Inesperada lição num inesperado lugar.

Parte A: Desencadeando a fala antes da leitura

1. Que tipo de estórias tem como cenário "cemitérios"?
2. Em geral, que outros ingredientes (pessoas, animais, horário) fazem parte deste tipo de estória?
3. Você gosta deste tipo de estória?

Parte B: Desencadeando a fala após a leitura

4. Faça, oralmente, um resumo do verbete/crônica "C" do "Dicionário".
5. Você acha esquisito (estranho) visitar cemitérios quando está viajando? Você já visitou algum cemitério quando estava viajando? Por quê?
6. Temos mesmo "amigos entre os mortos" como diz o autor? Comente.
7. Qual é a diferença entre a primeira visita do autor ao cemitério Highgate e a segunda?
8. Há diferença entre as palavras *história* e *estória*? A história está mesmo chegando ao fim como comenta o autor? Por que o autor faz este comentário?
9. Qual cemitério impressionou o autor nos Estados Unidos? Você já esteve neste cemitério?

Parte C: A estilística e a gramática com estilo

10. Dê o nome de três países que começam com a letra C. Como se chamam os habitantes desses países? Agora, escreva algo que você saiba sobre um desses países e/ou os seus cidadãos.

Revisão do pretérito perfeito: verbos regulares e irregulares

Verbos regulares

- ar - ANDAR	- er - BEBER	- ir - ASSISTIR
Eu and**ei** Tu and**aste** Você/ele, ela and**ou** Nós and**amos** Vocês/eles, elas and**aram**	Eu beb**i** Tu beb**este** Você/ele, ela beb**eu** Nós beb**emos** Vocês/eles, elas beb**eram**	Eu assist**i** Tu assist**iste** Você/ele, ela assist**iu** Nós assist**imos** Vocês/eles, elas assist**iram**

Verbos irregulares: alguns comumente usados

IR/SER -	- ESTAR -	- TER -
Eu fui Tu foste Você/ele, ela foi Nós fomos Vocês/eles, elas foram	Eu estive Tu estiveste Você esteve Nós estivemos Vocês/eles, elas estiveram	Eu tive Tu tiveste Você teve Nós tivemos Vocês/eles, elas tiveram
- PÔR -	**- PODER -**	**- VER -**
Eu pus Tu puseste Você/ele, ela pôs Nós pusemos Vocês/eles, elas puseram	Eu pude Tu pudeste Você/ele, ela pôde Nós pudemos Vocês/eles, elas puderam	Eu vi Tu viste Você/ele, ela viu Nós vimos Vocês/eles, elas vieram
- VIR -	**- TRAZER -**	**- QUERER -**
Eu vim Tu vieste Você/ele, ela veio Nós viemos Vocês/eles, elas vieram	Eu trouxe Tu trouxeste Você/ele, ela trouxe Nós trouxemos Vocês/eles, elas trouxeram	Eu quis Tu quiseste Você/ele, ela quis Nós quisemos Vocês/eles, elas quiseram
- FAZER -	**- SABER -**	**- DIZER -**
Eu fiz Tu fizeste Você/ele, ela fez Nós fizemos Vocês/eles, elas fizeram	Eu soube Tu soubeste Você/ele, ela soube Nós soubemos Vocês/eles, elas souberam	Eu disse Tu disseste Você/ele, ela disse Nós dissemos Vocês/eles, elas disseram

Prática

12. Eu já fiz! Você vai... Nós já fizemos/ Vocês vão

 Você vai ao cemitério hoje? Eu já fui!
 Você vai receber um convite para conhecer o cemitério de Arlington? Eu já...
 Você vai estudar os poemas da Emily Dickinson? Eu já...
 Vocês vão levar seu filho ao Père Lachaise? Nós já...
 Você vai à aula sobre Marx? Eu já...
 Vocês vão ver a casa da Emily Dickinson? Não, nós já...
 Vocês vão fazer um tour pelos cemitérios da região? Nós já...
 Você vai trazer cartões postais do Highgate? Não, eu não...

13. **Defunto-autor ou autor-defunto?** Brás Cubas é o personagem principal de um dos livros mais importantes (e divertidos!) de Machado de Assis. Depois de morto, Brás Cubas resolve narrar suas memórias. Em duplas, contem, em primeira pessoa, o que ele fez durante a vida.

 Morre de pneumonia.
 É mimado por todos.
 Torna-se uma criança malvada e travessa.
 Na juventude tem um caso com Marcela, uma prostituta espanhola.
 O pai descobre e manda-o estudar em Portugal.
 É um estudante medíocre.
 Retorna ao Brasil, um pouco antes da morte de sua mãe.
 O pai de Brás faz planos para o jovem se casar com Virgília, uma moça de família rica. Já estando noivos, Lobo Neves, um homem inteligente e de boa aparência, rouba a noiva de Brás Cubas.
 O pai de Brás morre decepcionado.
 Anos mais tarde, Brás e Virgília tornam-se amantes.
 A ardente paixão resulta numa gravidez, porém, o bebê morre antes de nascer e os amantes se separam.
 O balanço final de Brás Cubas sobre a existência é de pessimismo.
 Depois de uma vida cheia de fracassos, ele afirma ter tido um pequeno saldo: o fato de não possuir filhos e, portanto, não ter transmitido a nenhuma criatura o legado da miséria.

14. Uma história de amor. Coloque os verbos no passado.

 Patrícia e João:
  Conhecer-se no curso de Português
  Cumprimentar-se
  Conversar
  Começar a telefonar um para o outro

Escrever milhões de e-mails
Mandar presentes
Casar-se
Não se dar bem (*not get along*)
Brigar
Separar-se
Divorciar-se
Ter um acidente de carro
Morrer
Ser enterrado perto de sua mãe
Ter cinco filhos

15. Entreviste seu colega:

Ontem aconteceu?
Uma coisa positiva? O quê?
Uma coisa negativa? O quê?
Uma notícia interessante? Qual?
Um telefonema? Quem telefonou?
Uma visita? Quem visitou?

Revisão: pronomes objeto indireto

Sujeito	Objeto Indireto
Eu	me
Ele Ela Você	lhe
Nós	nos
Eles Elas Vocês	lhes

Os pronomes de objeto indireto estão ligados indiretamente ao verbo (através de preposições). Respondem à pergunta: "A/Para quem?"

O uso da preposição "a" é semelhante ao uso da preposição "para". A diferença é que o uso de "a" é um pouco mais formal do que o uso de "para".

a- "Ele telefonou à (preposição "a" + artigo "a") Marta". OU b- "Ele telefonou para a Marta".

Exemplo:

Ele telefonou para a Marta.

Ele telefonou **para quem**?
Ele telefonou **para a Marta**.
Ele **lhe** telefonou.

Observação Importante

O pronome "a" é diferente da preposição "a":

Ontem eu vi a Maria.	Vou dizer à Simone para vir amanhã.
Viu **quem**?	Dizer **a quem**?
A (artigo) Maria.	À (artigo + preposição) Simone.
Eu **a** vi.	Vou dizer-**lhe**.

Colocação pronominal

No português do Brasil, sobretudo na modalidade oral, há uma nítida preferência em se colocar o pronome antes do verbo. Em Portugal e na modalidade escrita do português brasileiro, a preferência é colocá-lo depois do verbo.

Ex: O Beto **me** perguntou a que horas iríamos almoçar.

Quando há dois verbos, a tendência é colocar o pronome entre os dois. Em Portugal, a tendência é colocá-lo antes do verbo.

Ex: Eu vou **lhe** dar rosas para você levar ao cemitério.

Prática

16. Substitua a parte grifada por um pronome objeto indireto:

a. Meu tio sempre se preocupou conosco. Depois que chegamos do cemitério, descobrimos que ele deixou todo o seu dinheiro para mim e meu irmão.
b. O guia da excursão dá instruções aos turistas.
c. Minha mãe deu uma boa explicação sobre o marxismo aos outros professores.
d. Maria telefonou para mim porque queria que eu fosse ao cemitério com ela.
e. A guardiã do cemitério disse para mim que ela gosta da profissão que exerce.

Figuras de linguagem

Neste capítulo vamos estudar três figuras de linguagem: o hipérbato, a elipse e o oxímoro.

a. hipérbato: transposição ou inversão da ordem natural das palavras de uma oração, para efeito estilístico.
b. elipse: supressão de um termo que pode ser facilmente subentendido pelo contexto lingüístico ou pela situação.
c. oxímoro: combinação de palavras de sentido oposto que parecem excluir-se mutuamente, mas que, no contexto, reforçam a expressão

Prática

17. Escreva os nomes das figuras de linguagem expressas nas seguintes passagens.
    - "Morto, ele contudo vive;"
    - "quando veio habitar a sepultura ao lado alguém que a verdade defendera"
    - "Por que morreste?"
      "Pela beleza", respondi...
      "E eu pela verdade".
18. Agora é sua vez! Construa uma oração usando uma das figuras de linguagem que acabamos de aprender.
19. Escreva sua letra "C" para incluir em seu *Dicionário do viajante insólito.*

Portuguese-English Vocabulary List

Substantivos

Batalha *f*	battle
Cemitério *m*	cemetery
Combate *m*	fight
Epitáfio *m*	epitaph
Jazigo *m*	grave, tomb, vault
Lápide *f*	gravestone
Luta *f*	fight
Morto (a) *m/f*	the dead
Peregrinação *f*	pilgrimage
Sepultura *f*	sepulcher, grave, tombstone
Túmulo *m*	grave

Adjetivos

Derradeiro (a) *m/f*	last
Derrotado (a) *m/f*	defeated
Vencido (a) *m/f*	beaten

Verbos

Aguardar	to wait
Bradar	to cry, shout, scream
Brigar	to fight
Praguejar	to curse, to swear

D de Diversão

A noite do turista é dedicada ao teatro, ao concerto, ao restaurante. Na ausência de teatro, de concerto, de restaurante, o turista sofre. E esse sofrimento ele procurará evitar a qualquer preço.

Indo para o Japão fiquei uns dias em Los Angeles. Indicaram-me um hotel em Balboa Street; a moça que me fez a indicação disse que eu estaria localizado na rua mais longa do mundo (o que, segundo o Guiness Book of Records, não é verdade: a rua mais longa do mundo é a Yonge Street, em Toronto, que tem 1.178,3 milhas. Estive nessa também, mas não medi. Deve ser verdade).

Ficar numa rua famosa por sua extensão pode ser motivo de orgulho, mas é também um problema. Foi o que constatei à noite, quando perguntei ao porteiro como poderia chegar a um teatro ou cinema.

Ele perguntou se eu estava de carro. Quando respondi que não, lançou-me um olhar em que se somavam espanto, desprezo e comiseração:

— Aqui não se vai a lugar nenhum sem carro — disse. — Nós estamos longe de qualquer coisa.

E veio de novo com o papo da rua mais longa do mundo. Ouvi, resignado, e me dirigi para o elevador, preparado para passar a noite no quarto vendo tevê. O elevador demorou, e nisto havia a mão do destino; de repente avisto o homem, que vinha correndo em minha direção: acabava de lembrar-se — havia, sim, um teatro ali perto. Na verdade, em frente ao hotel.

Por sua expressão, vi que não se tratava de nada excepcional. Mas eu não tinha nada a perder. Atravessei a rua e vi-me diante de um velho prédio com vários andares. Era o teatro.

Os cartazes anunciavam um musical qualquer. Título desconhecido, diretor idem, atores idem, idem — mas eu não podia esperar Fred Astaire. Dirigi-me à bilheteria, pedi um ingresso. E aí veio a primeira surpresa: o bilheteiro era também o porteiro. Perguntei o preço do ingresso. Para um teatro daqueles, não era barato.

— Mas inclui o jantar — disse o homem. — Um ótimo jantar.

Passou-me o ingresso, saiu da bilheteria e veio para a porta recolhê-lo. Faço as duas funções, explicou. E apressou-se a acrescentar:

— Estamos com falta de pessoal. Mas é uma coisa temporária. O senhor conhece o caminho?

Não, eu obviamente não sabia o caminho. Ele então se ofereceu para me acompanhar. Nova surpresa: porteiro, acompanhando espectador? E quem cuidaria da porta? Aliás, quem venderia os ingressos?

Tais questões não pareciam perturbá-lo: aparentemente ele fazia questão de me levar até o lugar do espetáculo. Fomos, portanto, caminhando. Nesse momento juntou-se a nós um outro cavalheiro, um senhor de idade, que se apresentou como administrador. Não gostaria eu de conhecer as dependências do teatro? Havia tempo, o espetáculo só começaria dentro de uma meia hora. A essa altura, mais um senhor apareceu, insistindo: o teatro era um verdadeiro patrimônio histórico, valeria a pena conhecê-lo.

Fomos subindo de andar em andar. Passamos pela pequena biblioteca, pelos antigos camarins, chegamos à galeria dos diretores, cheia de fotos veneráveis. Já não éramos três, mas quatro; um senhor, aparentemente funcionário, agora nos acompanhava.

Finalmente chegamos ao local do espetáculo, um restaurante com um palco ao fundo. E então descobri por que tinha sido o alvo de tantas atenções.

Eu era o único espectador. Duas ou três mesas tinham um pequeno cartaz de "Reservado", mas o único que estava ali presente era eu. Pediram-me que escolhesse uma mesa próxima ao palco, o que eu fiz. Sentei-me e todos se retiraram. Fiquei ali sozinho, aguardando, com a sensação que deve ter a vítima num filme de terror. Finalmente a cortina se abriu, e ali estava o musical: três atores e três atrizes, cantando a plenos pulmões, sapateando ferozmente e olhando fixo — para quem? — para mim. Não havia mais nada, nem ninguém, que eles pudessem olhar.

Não há segundo ato nas vidas americanas, disse F. Scott Fitzgerald. Mas na vida daqueles americanos e, principalmente, no show que estavam apresentando, havia, sim, um segundo ato, e — para sorte minha — um intervalo. No breve espaço de tempo em que as luzes estiveram apagadas esgueirei-me para fora. Desci as escadas silenciosamente e, tendo escapado aos cicerones e ao porteiro, atravessei a rua em direção ao hotel.

A Balboa Street pode não ser a rua mais longa do mundo. Mas aquela foi uma das mais longas noites de minha vida.

Parte A: Desencadeando a fala antes da leitura

1. O que você geralmente faz para se divertir à noite no seu país?
2. O que você faz para se divertir à noite quando viaja?

Parte B: Desencadeando a fala após a leitura

3. Faça, oralmente, um resumo do verbete/crônica "D" do "Dicionário".
4. Além de ir ao teatro, a um concerto, ou a um restaurante o que o turista pode fazer no estrangeiro?
5. Para onde o autor estava viajando?
6. O que a rua do hotel tem de interessante?
7. O que o tal teatro tinha de peculiar?
8. Por que o autor se sentiu como se fosse uma vítima dum filme de terror?
9. Conte este episódio outra vez do ponto de vista dos três atores e das três atrizes.

Parte C: A estilística e a gramática com estilo

10. Dê o nome de três países que começam com a letra D. Como se chamam os habitantes desses países? Agora, escreva algo que você saiba sobre um desses países e/ou os seus cidadãos.
11. Leia novamente o parágrafo que começa com *Eu era o único espectador* da página 24. Sublinhe todos os verbos no pretérito perfeito.

Revisão: usos do pretérito perfeito e do pretérito imperfeito

Pretérito Perfeito	**Imperfeito**
1. O pretérito perfeito é usado para falar de ações ou estados já *concluídos* no passado, não importando quanto tempo duraram ou levaram para terminar. *O narrador da crônica foi a um teatro muito estranho.	1. O imperfeito é usado se o desenvolvimento ou a natureza da ação forem enfatizados, sem referência a seu início ou a seu final. Portanto, serve para narrar ações habituais. *O narrador da crônica sempre ia ao teatro quando viajava.
2. O pretérito perfeito é usado para narrar o início ou o fim de uma ação no passado. *O espetáculo começou às oito e terminou às onze.	2. O pretérito imperfeito é usado para narrar o que estava acontecendo quando outra ação ocorreu. Serve também para narrar eventos simultâneos. (enquanto = *while*) *O narrador não assistiu ao final do espetáculo. Já estava em seu quarto de hotel quando terminou. *Enquanto o narrador assistia ao espetáculo, sua esposa dormia no hotel.
3. O pretérito perfeito é usado para exprimir uma série de ações terminadas *Durante o espetáculo, os atores **cantaram**, **sapatearam** e **olharam** o narrador fixamente.	3. O pretérito imperfeito é usado para dar detalhes de vários tipos: tempo, localização, horário, humor, idade e características físicas e psicológicas. * **Eram** oito horas da noite e o narrador **estava** cansado de ficar em um quarto de hotel. Afinal, **era** ainda muito jovem e cheio de energia. **Tinha** quarenta anos, mas **aparentava** trinta.

4. Algumas palavras e expressões são freqüentemente associadas ao pretérito. *Ontem, antes de ontem, de noite, uma vez, duas vezes, no ano passado, na segunda passada, de repente. **************************** **Atenção:** Essas palavras não desencadeiam *automaticamente* nenhum dos dois modos. É fundamental refletir sobre o sentido que o falante deseja exprimir. Ex: Ontem o narrador foi ao teatro. Ontem o narrador estava no teatro quando sua esposa ligou para confirmar as passagens aéreas.	4. Algumas palavras e expressões são freqüentemente associadas ao imperfeito. *Todos os dias, todas as segundas, sempre, freqüentemente, enquanto, quando era criança/jovem.

O pretérito perfeito e o imperfeito freqüentemente ocorrem na mesma sentença. No primeiro exemplo, o imperfeito nos diz o que estava acontecendo quando outra ação – veiculada pelo pretérito – INTERROMPEU a continuidade da ação em curso. No segundo exemplo, o pretérito relata uma ação ocorrida por causa de uma condição descrita pelo imperfeito e que estava ocorrendo naquele momento.

O cronista **estudava** o mapa da maior rua do mundo quando o telefone **tocou**.

O cronista **saiu** do teatro com tanta pressa porque **estava** com medo.

Prática

12. **No tempo de nossos avós as viagens eram diferentes.** Converse com o (a) colega e preencha as colunas:

Antigamente	**Em minha última viagem**
1.	1.
2.	2.
3.	3.
4.	4.

13. Reescreva o texto abaixo no passado.

 O narrador e sua esposa estão num hotel na maior rua do mundo. É uma noite muito fria. A esposa está cansada e o narrador parece entediado. De repente, o narrador tem uma idéia. Pega o elevador e vai até a recepção. O funcionário do hotel explica que há um teatro bem perto do hotel. O narrador decide conhecer o teatro. Quando lá chega, percebe que há algo muito estranho. Parece que ele é o único espectador e que todos o observam. O narrador fica apavorado e foge do teatro.

Revisão: pronome objeto direto

Quadro de Pronomes

Sujeito	Objeto Direto
Eu	me
Ele Ela Você	a, o (lo, la, no, na)
Nós	nos
Eles Elas Vocês	os, as (los, las, nos, nas)

A. Os pronomes de objeto direto estão diretamente ligados ao verbo (sem preposição). Respondem às perguntas: "O quê?" ou "Quem?"

 Exemplos:

 O cronista leu o jornal de hoje.
 O cronista leu **o quê**?
 O cronista leu **o jornal**.
 O cronista **o** leu.

 O cronista conhece a dona do teatro mais estranho do mundo.
 O cronista conhece **quem**?
 O cronista conhece **a dona do teatro** mais estranho do mundo.
 O cronista **a** conhece.

B. lo, la, los, las

 Quando os pronomes "o", "a", "os", "as" vêm depois de verbos no infinitivo, o -R é eliminado e acrescenta-se um "l".

Exemplos:

— O cronista quer ver o recepcionista.
Ver quem?
O recepcionista
O cronista quer **vê-lo.**

— O cronista vai chamar o recepcionista.
Chamar quem?
O recepcionista
O cronista vai **chamá-lo.**

— O cronista vai ouvir o recepcionista.
Ouvir quem?
O recepcionista.
O cronista vai **ouvi-lo.**

— O cronista vai pôr as cartas no correio.
Pôr o quê?
Pôr as cartas.
O cronista vai **pô-las** no correio.

Obs. As vogais finais do verbo têm acento gráfico com exceção do "i".

C. no, na, nos, nas

Quando pronomes "o", "a", "os", "as" vêm depois de formas verbais que terminam em sons nasais (-m, -ão, -õe, ões, õem), os pronomes passam a "no", "na", "nos", "nas":

O cronista põe a carta no correio.
O cronista põe-**na** no correio.

Compraram a casa.
Compraram-**na**

Colocação pronominal

No português do Brasil, sobretudo na modalidade oral, há uma nítida preferência em se colocar o pronome antes do verbo. Em Portugal e na modalidade escrita do português brasileiro, a preferência é colocá-lo depois do verbo.

O recepcionista **me** ajudou a achar o nome do teatro mais estranho do mundo.

Quando há dois verbos, a tendência é colocar o pronome entre os dois. Em Portugal, a tendência é coloca-lo antes do verbo.

Você está **me** procurando para saber mais sobre meus planos de viagem?

Prática

14. A rotino do o viajante insólito. Da lista que aparece abaixo, você e um/a colega devem escolher os hábitos e atribui-los ao viajante. Depois acrescentem mais uma atividade e apresentem a lista ao resto da turma.

modelo: comprar mapas da cidade
O viajante os compra sempre.

Procurar opções baratas de restaurantes
Fazer planos de passeios interessantes
Gastar muito dinheiro
Ver paisagens diferentes
Comprar cartões postais

Tirar fotografias
Mandar cartas para os filhos
Visitar um amigo antes de viajar
Comer pratos diferentes
Beber bons vinhos
Trazer presentes para os filhos
Fazer compras em excesso

Figuras de linguagem

Neste capítulo vamos estudar duas figuras de linguagem: a parataxe e a metagoge.

a. parataxe: seqüência de frases justapostas, sem conjunção coordenativa.
b. metagoge: atribuição de características peculiares dos seres humanos aos animais e às coisas inanimadas.

Prática

15. Escreva os nomes das figuras de linguagem expressas nas seguintes passagens.
    - "Título desconhecido, diretor idem, atores idem, idem"
    - "O elevador demorou, e nisto havia a mão do destino.
16. Agora é sua vez! Construa uma oração usando uma das figuras de linguagem que acabamos de aprender.
17. Escreva sua letra "D" para incluir em seu *Dicionário do viajante insólito.*

Portuguese-English Vocabulary List

Substantivos

Ausência *f*	absence
Bilheteria *f*	ticket booth
Comiseração *f*	commiseration
Cartaz *m*	poster; show bill
Desprezo *m*	contempt, disdain, scorn
Espanto *m*	surprise; astonishment
Ingresso *m*	ticket
Intervalo *m*	intermission
Orgulho *m*	pride
Palco *m*	stage
Papo *m*	chat

Adjetivos

Cheio (a) *m/f*	full
Desconhecido (a) *m/f*	unknown
Resignado (a) *m/f*	resigned

Verbos

Atravessar	to cross
Evitar	to avoid
Medir	to measure
Recolher	to guard, to preserve; to take care of
Sapatear	to tap dance

E de Esperteza

A idéia do turista como um bobo que é sempre enganado por espertalhões locais nem sempre corresponde à realidade. Turista brasileiro, por exemplo, freqüentemente é esperto. Mal chega a uma cidade, ele descobre qual a loja que vende mais barato, o restaurante onde se come melhor e como entrar de graça num museu. Muitas vezes a Europa e os Estados Unidos tiveram de se curvar ante a malandragem brasileira.

O dono de um hotel londrino andava intrigado com o que acontecia nos quartos de seus hóspedes brasileiros. Era inverno e, teoricamente, os nossos patrícios deveriam estar sofrendo com o frio, rigoroso. Ora, cada quarto contava com um aparelho de calefação que só funcionava, como sói acontecer com muitas coisas na Europa, com a colocação de uma moeda na competente fenda. No entanto, os brasileiros não colocavam moeda alguma. Estranhamente, os aposentos estavam sempre quentes e os brasileiros sempre satisfeitos. O que o homem não conseguia descobrir era como faziam funcionar a calefação sem colocar moeda, sem forçar a máquina — e sem deixar vestígios. E nunca chegaria à resposta se um brasileiro — talvez por pura bazófia — não tivesse lhe contado. A coisa era assim: eles haviam verificado que a água deixada para congelar numa tampinha de garrafa adquiria exatamente o formato da moeda que era preciso colocar na máquina. Quando a ficha de gelo derretia dentro da máquina, não deixava vestígio algum. O crime perfeito, que nenhuma Scotland Yard conseguiria descobrir.

Parte A: Desencadeando a fala antes da leitura

1. Discuta os sentidos das palavras "esperteza", "esperto", "especialista", "especialidade" e "espertalhão". Depois confira as definições do dicionário Aurélio.

   a. Esperteza
      Ação, modos ou dito de pessoa esperta
      Habilidade maliciosa; malícia, manha, astúcia

   b. Esperto
      Acordado, desperto
      Inteligente, fino, arguto
      Enérgico, vigoroso
      Espertalhão
      Forte, vivo

   c. Espertalhão
      Diz-se de homem esperto, finório, velhaco, astuto, malicioso; esperto
      Indivíduo espertalhão; esperto

   d. Especialista
      Pessoa que se consagra com particular interesse e cuidado a certo estudo
      Pessoa que se dedica a um ramo de sua profissão
      Pessoa que tem habilidade ou prática especial em determinada coisa
      Conhecedor, perito

   e. Especialidade
      Qualidade ou caráter de especial; particularidade
      Coisa superior, fora do comum, muito fina ou rara
      Trabalho, profissão (ou ramo dentro de uma profissão), de cada um
      Habilidade ou interesse particular de cada um

2. Agora, escreva cinco frases indicando alguém que você conhece pessoalmente ou alguém famoso que você identifica como sendo espertalhão, especialista, etc.

Parte B: Desencadeando a fala após a leitura

3. Faça, oralmente, um resumo da crônica.

4. Qual é a caracterização feita do turista brasileiro na crônica? Como os turistas brasileiros geralmente são caracterizados?

5. Em geral, qual é a caracterização feita do turista americano? E dos turistas de outros países? O que essas caracterizações nos dizem sobre os países em questão?

6. O que os brasileiros fazem para manter o quarto do hotel quentinho?

Parte C: A estilística e a gramática com estilo

7. Dê o nome de três países que começam com a letra "E". Como se chamam os habitantes desses países? Agora, escreva algo que você saiba sobre um desses países e/ou os seus cidadãos.
8. O que significa bazófia? Escreva uma frase nova usando esta palavra.
9. O que é uma "fenda"? Escreva uma frase nova usando esta palavra.
10. Em quais lugares podemos "entrar de graça"?

Revisão: pronomes indefinidos (algum, nenhum, algo, alguém, ninguém)

Chamam-se "indefinidos" os pronomes que se aplicam à terceira pessoa gramatical, quando considerada de um modo vago e indeterminado.

Os pronomes indefinidos apresentam formas variáveis e invariáveis:

Variáveis		Invariáveis
Masculino	*Feminino*	Alguém Ninguém Algo
Algum Alguns Nenhum Nenhuns	Alguma Algumas Nenhuma Nenhumas	

Algum – Nenhum

Quando "algum" precede o substantivo tem sentido afirmativo.

Ex: Alguma coisa aconteceu. (sentido afirmativo)

No entanto, quando é empregado depois do substantivo, torna-se sinônimo de "nenhum". Ou seja, adquire sentido negativo.

Ex: Coisa alguma. Nenhuma coisa. Coisa nenhuma. (sentido negativo)

Algo

"Algo" significa alguma coisa

Ex: Carlos precisa de algo para ocupar o tempo.

Alguém – Ninguém

São indefinidos invariáveis, de referência a pessoas.

Alguém: alguma pessoa
Ninguém: nenhuma pessoa

Prática

11. Complete com **algum, nenhum, algo, alguém, ninguém.**

Lucas: Você precisa de ___________?

Eliana: Preciso de ___________ para consertar a calefação. ___________ coisa estranha está acontecendo.

Lucas: Você já tentou falar com ___________ da recepção?

Eliana: Tentei, mas ___________ responde. Acho que há ___________ acontecendo. ___________ deve estar passando mal. Hoje não vi quase ___________ funcionário no hotel.

Lucas: Acho que realmente ___________ de estranho está acontecendo. Mas, não acredito que ___________ esteja passando mal.

Eliana: E por que você acha isso?

Lucas: Porque até agora não ouvi ___________ barulho estranho, ___________ gritando, problema ___________, pelo menos aparentemente.

Eliana: Você sabe se ___________ de nossos conterrâneos continua a fazer moedas de gelo em tampinhas de garrafa.

Lucas Até onde sei ___________ mais está fazendo isso.

Eliana: Que bom. Pensei que ___________ dono de hotel londrino iria nos receber no futuro. Mas, olha que ironia. Quero usar moedas de verdade e não posso. Há ___________ estranho.

Lucas: Talvez devamos chamar ___________ para nos ajudar a fazer uma moeda de gelo.

E de Estilo

Em relação a estilo de viajar, há basicamente duas formas. Aqueles que podem, fazem-no com vagar, conhecendo bem os lugares e saboreando a experiência do novo. Os que não podem, porque têm pouco tempo, ou pouco dinheiro, ou ambos, recorrem ao estilo "se hoje é sábado, isto deve ser Florença": correria e ansiedade.

Minha primeira viagem à Europa foi assim. Percorremos, minha mulher e eu, um número assombroso de cidades, com o livro do Frommer debaixo do braço (naquela época era *Europe five dollars a day,* cujo título mostra que a inflação não é só um problema brasileiro). Em cada lugar que chegávamos era um susto: o número de museus, de lugares históricos, de pontos de interesse, enfim, era sempre muito maior do que imaginávamos. E chegávamos a nos queixar: precisava a Europa ser tão culta? Precisava concentrar tantas obras de arte? Passada essa fase inicial, iniciávamos a maratona, que exigia muita resistência e sacrifício: nossas refeições limitavam-se a sanduíches, as horas de sono eram drasticamente reduzidas. No Brasil a gente poderá comer e dormir, prometíamo-nos.

Chegávamos aos hotéis (aqueles hotéis baratos, mas, como dizia o Frommer, decentes e limpos) exaustos. Uma noite, em Londres, tive a idéia — boa ou má, ainda não sei — de dar uma olhada no jornal antes de deitar. E ali vi anunciado um imperdível programa de cinema: *Morrer em Madri* e *Um Cão Andaluz.* O primeiro estava proibido no Brasil — era a época da censura; quanto ao segundo, bem, trata-se do clássico de Buñuel. O problema era a hora da sessão especial: duas da manhã, num cinema de arte que não ficava tão perto.

Minha mulher, Judith, não tinha condições, mas eu decidi enfrentar. Para chegar ao lugar poderia contar com o metrô: para voltar, só a pé. Mas eu voltaria a pé.

O pequeno cinema estava quase vazio, mostrando que os londrinos não tinham tanta dedicação pela causa cinematográfica quanto o jovem viajante brasileiro. O que em absoluto me importava: eu estava ansioso por ver os filmes. *Morrer em Madrid* correspondeu por inteiro à minha expectativa, mas com a enigmática película de Buñuel começaram os problemas. Eu simplesmente não conseguia manter os olhos abertos. Várias vezes devo ter adormecido; e adormecido, eu sonhava; e, no meu sonho, estava vendo um filme de Buñuel chamado *O Cão Andaluz.* E aí acordava sobressaltado: o que estava eu vendo, afinal — as imagens de Buñuel ou as do meu sonho?

Não sei. Até hoje não sei. Para mim existem dois filmes chamados O *Cão Andaluz,* aquele que eu vi e aquele com que eu sonhei. Um dilema digno de Borges — e muito característico do viajante apressado.

Parte A: Desencadeando a fala antes da leitura

12. Quais são as opções de viagem para alguém que tem muito tempo, mas pouco dinheiro?

13. Quais são as opções para alguém que tem muito dinheiro, mas nenhuma imaginação? Tente ajudar esse viajante!

Parte B:. Desencadeando a fala após a leitura

14. Faça, oralmente, um resumo da crônica.
15. Como podemos viajar? Em que lugares podemos ficar? Como você gosta de viajar?
16. Qual é o seu estilo de viajar?
17. Por que o autor fica entre o sonho e a realidade?
18. Discuta a seguinte afirmação:

    "[...] a inflação não é só um problema brasileiro".

Parte C: A estilística e a gramática com estilo

19. Responda às perguntas abaixo:

    a. O que você acha assombroso?
    b. O que você acha sobre a censura? Você acredita que a censura deve existir ou não? Se sim, para quê? Se não, por que não?
    c. O que podemos percorrer?

Revisão: futuro do pretérito (condicional)

O condicional ou futuro do pretérito exprime hipótese, incerteza e irrealidade. Pode ainda exprimir um pedido de cortesia. O condicional é formado pelo infinitivo mais as seguintes terminações **-ia**, **-ias**, **-ia**, **-íamos**, **-iam**.

Verbos regulares

- ar - VIAJAR	- er - BEBER	- ir - ASSISTIR
Eu viajar**ia**	Eu beber**ia**	Eu assistir**ia**
Tu viajar**ias**	Tu beber**ias**	Tu assistir**ias**
Você/ele, ela viajar**ia**	Você/ele, ela beber**ia**	Você/ele, ela assistir**ia**
Nós viajar**íamos**	Nós beber**íamos**	Nós assistir**íamos**
Vocês/eles, elas viajar**iam**	Vocês/eles, elas beber**iam**	Vocês/eles, elas assistir**iam**

Verbos irregulares

Há apenas três verbos irregulares no futuro do pretérito (condicional)

DIZER	FAZER	TRAZER
Eu dir**ia** Tu dir**ias** Você/ele, ela dir**ia** Nós dir**íamos** Vocês/eles, elas dir**iam**	Eu far**ia** Tu far**ias** Você/ele, ela far**ia** Nós far**íamos** Vocês/eles, elas far**iam**	Eu trar**ia** Tu trar**ias** Você/ele, ela trar**ia** Nós trar**íamos** Vocês/eles, elas trar**iam**

Prática

20. **Férias inesperadas.** Você e um/a colega conseguem ser dispensados das aulas por duas semanas no meio do semestre. Digam o que fariam com essas férias inesperadas.

Aluno/a 1

a. ir imediatamente para o computador e procurar passagens baratas
b. encontrar dois ou três destinos diferentes e propor ao/à colega
c. decidir com o/a colega para onde ir
d. escolher uma praia deserta
e. comprar as passagens
f. ajudar a arrumar as malas
g. pôr os livros nas malas
h. ligar para os pais
i. procurar o passaporte
j. chamar um táxi

Aluno/a 2

a. abrir o jornal e procurar o suplemento de turismo
b. resumir duas dicas de viagem para o/a colega
c. aceitar ou rejeitar as sugestões
d. concordar com o/a colega
e. começar a arrumar as malas
f. procurar bons livros para ler durante as férias
g. colocar revistas nas mochilas
h. mandar um email para os pais
i. pegar o passaporte na gaveta
j. dar as malas para o chofer de táxi

Figuras de linguagem

Neste capítulo vamos estudar três figuras de linguagem: a pergunta retórica, o hipérbato e a metagoge.

a. pergunta retórica: interrogação que não tem o objetivo de obter uma informação ou uma resposta. Este recurso estilístico é usado para criar interesse nos espectadores, ouvintes ou leitores e enfatizar uma conclusão já sabida de antemão.
b. metagoge: atribuição de características peculiares dos seres humanos aos animais e às coisas inanimadas.
c. hipérbato: transposição ou inversão da ordem natural das palavras de uma oração para efeito estilístico.

Prática

21. Escreva os nomes das figuras de linguagem expressas nas seguintes passagens.
    - "o que estava eu vendo, afinal"
    - "o que estava eu vendo, afinal – as imagens de Bruñuel ou as do meu sonho?"
    - "Muitas vezes a Europa e os Estados Unidos tiveram de se curvar ante a malandragem brasileira".
22. Agora é sua vez! Construa uma oração usando uma das figuras de linguagem que acabamos de aprender.
23. Escreva sua letra "E" para incluir em seu *Dicionário do viajante insólito.*

Portuguese-English Vocabulary List

Substantivos

Aposento *m*	room
Calefação *f*	heating unit
Censura *f*	censorship
Fenda *f*	crack, chink; fissure, gap, crevice
Garrafa *f*	bottle
Hóspede *m/f*	guest
Susto *m*	fright
Tampa *f*	bottletop

Adjetivos

Bobo(a) *m/f*	silly
Decente(a) *m/f*	decent
Espertalhão(ona) *m/f*	sly or tricky person; a bad or dishonest person; a villain or rascal
Esperto(a) *m/f*	smart
Limpo(a) *m/f*	clean
Satisfeito(a) *m/f*	satisfied

Verbos

Adormecer	to fall asleep
Congelar	to freeze
Curvar	to curve
Deitar	to lay down
Percorrer	to pass or run through; to visit or travel all over; to traverse, cross
Queixar	to complain
Saborear	to savor
Sonhar	to dream

F de Frustração

Viajar, para muitos, é a grande realização; não viajar, para muitos, é a grande frustração.

Havia um casal que tinha uma inveja terrível dos amigos turistas — especialmente dos que faziam turismo no exterior. Ele, pequeno funcionário de uma grande firma, ela, professora primária, jamais tinham conseguido juntar o suficiente para viajar. Quando dava para as prestações das passagens não chegava para os dólares, e vice-versa; e assim, ano após ano, acabavam ficando em casa. Economizavam, compravam menos roupa, andavam só de ônibus, comiam menos — mas não conseguiam viajar para o exterior. Às vezes passavam uns dias na praia. E era tudo.

Contudo, tamanha era a vontade que tinham de contar para os amigos sobre as maravilhas da Europa, que acabaram bolando um plano. Todos os anos, no fim de janeiro, telefonavam aos amigos: estavam se despedindo, viajavam para o Velho Mundo. De fato, alguns dias depois começavam a chegar postais de cidades europeias: Roma, Veneza, Florença; e ao fim de um mês eles estavam de volta, convidando os amigos para verem os *slides* da viagem. E as coisas interessantes que contavam! Até dividiam os assuntos: a ele cabia comentar os hotéis, os serviços aéreos, a cotação das moedas e também o lado pitoresco das viagens; a ela tocava o lado erudito: comentários sobre os museus e locais históricos, peças teatrais que tinham visto. O filho, de dez anos, não contava nada, mas confirmava tudo; e suspirava quando os pais diziam:

— Como fomos felizes em Florença!

O que os amigos não conseguiam descobrir era de onde saíra o dinheiro para a viagem; um, mais indiscreto, chegou a perguntar. Os dois sorriram, misteriosos, falaram numa herança e desconversaram. Depois é que ficou se sabendo.

Não viajavam coisa alguma. Nem saíam da cidade. Ficavam trancados em casa durante todo o mês de férias. Ela ficava estudando os folhetos das companhias de turismo, sobre — por exemplo — a cidade de Florença: a história de Florença, os museus de Florença, os monumentos de Florença. Ele, num pequeno laboratório fotográfico, montava *slides*, em que as imagens deles estavam superpostas a imagens de Florença. Escrevia os cartões-postais, colava neles selos usados com carimbos falsificados. Quanto ao menino, decorava as histórias contadas pelos pais para confirmá-las se necessário.

Só saíam de casa tarde da noite. O menino, para fazer um pouco de exercício; ela, para fazer compras num supermercado distante; e ele, para depositar nas caixas de correspondência dos amigos os postais.

Poderia ter durado muitos e muitos anos, esta história. Foi ela quem estragou tudo. Lá pelas tantas, cansou de ter marido pobre, que só lhe proporcionava excursões fingidas. Apaixonou-se por um piloto que lhe prometeu muitas viagens para os lugares mais exóticos. E acabou pedindo o divórcio.

Beijaram-se pela última vez ao sair do escritório do advogado.

— A verdade — disse ele — é que me diverti muito com a história toda.

— Eu também me diverti muito — ela disse.

— Fomos muito felizes em Florença — suspirou ele.

— É verdade — ela disse, com lágrimas nos olhos. E prometeu-se que nunca mais iria a Florença.

Parte A : Desencadeando a fala antes da leitura

1. Você já ficou frustrado por causa de uma viagem? O que aconteceu?
2. Você conhece alguém que ficou frustrado por causa de uma viagem? Por quê?

Parte B: Desencadeando a fala após a leitura

3. Faça, oralmente, um resumo da crônica.
4. Por que é tão importante para o casal viajar ao Velho Mundo?
5. Por que a mulher da crônica prometeu que nunca mais iria a Florença?
6. A única maneira de viajar é através dum deslocamento geográfico? De que outras maneiras podemos viajar?

7. Vamos adivinhar? Descrevam um lugar (país, cidade) que vocês nunca visitaram, mas gostariam de ter visitado. Descrevam o local sem dizer onde é, mas dando dicas (clues) sobre o local. O resto da classe vai tentar adivinhar a viagem que vocês sonharam.

Parte C: A estilística e a gramática com estilo

8. Dê o nome de três países que começam com a letra F. Como se chamam os habitantes desses países? Agora, escreva algo que você saiba sobre um desses países e/ou os seus cidadãos.
9. Encontre no texto um sinônimo para "economizar"? Você conhece outros sinônimos desse verbo? Você economiza? Como?

Revisão: verbos reflexivos, pronominais e recíprocos

Pronomes

Eu me despeço...
Ela se despede...
Você/ele, ela se despede...
A senhora/o senhor se despede ...
Nós nos despedimos...
Eles se despedem...
Vocês/eles, elas se despedem...
As senhoras/os senhores se despedem...

Alguns verbos reflexivos

barbear-se, vestir-se, enfeitar-se, ferir-se, machucar-se, pentear-se, tatuar-se, olhar-se (no espelho), cansar-se, etc.

Qualquer um desses verbos aceita as expressões **a mim mesmo, a você mesma, a nós mesmos, etc.**

Verbos pronominais

Há verbos que são essencialmente pronominais, isto é, são sempre apresentados e conjugados com o pronome. Não se deve confundi-los com os verbos reflexivos, que são acidentalmente pronominais. Os verbos essencialmente pronominais geralmente se referem a sentimentos e fenômenos mentais: indignar-se, atrever-se, admirar-se, orgulhar-se, arrepender-se, queixar-se etc.

Ex1: Os atletas queixaram-se do tratamento recebido.

Ex2: Ele não se dignou a entrar.

Verbos recíprocos

Os verbos recíprocos usam os mesmos pronomes que os reflexivos. São recíprocos porque exprimem fato ou ação mútua, recíproca:

Ex: Eles se beijaram.

Estão obviamente sempre no plural.

Prática

10. Complete com um dos verbos abaixo conjugando-os no tempo adequado.

casar-se; amar-se; esquecer-se; dar-se; frustrar-se; divertir-se; separar-se; divorciar-se; telefonar-se; esquecer-se; ver-se; apaixonar-se; unir-se

O cronista conheceu um casal muito simpático. Imediatamente eles ______ muito bem. A mulher disse que ela e o marido ______ quando ainda eram muito novos. Ela ______ de todas as ambições: sempre quis ______ com um homem rico para percorrer o mundo. ______ e ______ todos os dias até que resolveram ______ "para sempre". Mas, a mulher ______ muito depressa, pois esperava uma vida mais agitada. Queria ______ principalmente fazendo viagens pelo mundo afora. Pensaram em ______ quase ______, mas ao final descobriram que ______ e ela ______ de todas as ambições fúteis.

11. Agora diga se os verbos são pronominais, reflexivos ou recíprocos.

casar-se	divertir-se	esquecer-se
amar-se	separar-se	ver-se
esquecer-se	divorciar-se	apaixonar-se
dar-se	telefonar-se	unir-se
frustrar-se		

Figuras de linguagem

Neste capítulo vamos estudar três figuras de linguagem: a elipse, o paralelismo e o hipérbato.

a. paralelismo: seqüência de frases com estruturas gramaticais idênticas.
b. elipse: supressão de um termo que pode ser facilmente subentendido pelo contexto lingüístico ou pela situação.
c. hipérbato: transposição ou inversão da ordem natural das palavras de uma oração, para efeito estilístico.

Prática

12. Escreva os nomes das figuras de linguagem expressas nas seguintes passagens.
    - "O menino, para fazer um pouco de exercício; ela, para fazer compras num supermercado distante; e ele, para depositar nas caixas de correspondência dos amigos os postais."
    - "Ele, pequeno funcionário de uma grande firma, ela, professora primária [....]"
    - "Fomos muito felizes em Florença – suspirou ele".
13. Agora é sua vez! Construa uma oração usando uma das figuras de linguagem que acabamos de aprender.
14. Escreva sua letra "F" para incluir em seu *Dicionário do viajante insólito.*

Portuguese-English Vocabulary List

Substantivos

Casal *m*	couple
Folheto *m*	pamphlet, booklet
Inveja *f*	envy
Lágrima *f*	tear, teardrop
Selo *m*	stamp

Verbos

Apaixonar-se	to fall in love
Bolar	to put together a plan
Desconversar	to break off a conversation, to change the subject, to dissimulate
Despedir-se	to say good bye
Estragar	to ruin; to spoil
Fingir	to make believe; to pretend
Proporcionar	to provide, to offer
Suspirar	to sigh; to want earnestly

G de Gueixa

Ocasionalmente, o turismo pode incluir algum contato com aquilo que é chamado de a mais antiga profissão do mundo. Bairros da luz vermelha foram até retratados por artistas (no Brasil, o Mangue, por Lasar Segall), mas o mais conhecido de todos certamente fica em Hamburgo, na Alemanha. Fundada em 811 por Carlos Magno (que, diz Emmet Murphy em *Great Bordellos of the World,* London, Quartel Books, 1983, era um grande freqüentador de casas de tolerância), a cidade tem um distrito que é famoso, St. Pauli. Ali, como no Walletjes de Amsterdam, as mulheres ficam expostas em vitrinas: o consumo levado às suas últimas consequências.

Certos turistas não pensam num lugar específico, mas sim num específico tipo de mulher. As gueixas.

Conheci um homem que sonhava com gueixas, e que aliás não fazia segredo disso — para desgosto da própria esposa, uma senhora dedicada ao marido, mas pouco versada nas artes do amor.

Pois o destino resolveu ajudar o fã das gueixas. A firma da qual ele era um dos diretores enviou-o ao Japão, numa viagem de negócios. E assim uma noite ele se viu em Tóquio, hospedado num luxuoso hotel — e com a perspectiva de uma excitante aventura.

Só que ele não sabia o que fazer para viver tal aventura. Podia, naturalmente, perguntar na recepção do hotel como chegar às gueixas; mas tinha receio de sair sozinho e de se meter em alguma confusão. Por outro lado, perder aquela oportunidade...

De novo o destino veio em seu auxílio. Sobre a mesa estava, em inglês, uma lista dos serviços oferecidos pelo hotel. Havia sauna, havia salão de ginástica — e havia massagistas.

Uma luzinha acendeu-se em sua cabeça. Massagista — claro! O hotel não poderia falar em gueixas. Usava então um eufemismo. Acompanhado de uma explicação: as massagistas atendiam no quarto. Era só solicitar à recepção.

Levantou o fone e, num inglês arrevesado (complicado ainda por seu nervosismo), pediu — com urgência — uma massagista japonesa. Despiu-se, perfumou-se e ficou deitado, à espera.

Pouco depois a campainha soou. Levantou-se de um pulo, abriu a porta, sorridente, mas recuou em seguida, horrorizado: diante dele, vestindo um imaculado avental branco, estava a japonesa mais velha — e mais feia — que ele já tinha visto.

Uma verdadeira megera. O rosto encarquilhado. A boca murcha, meio torcida num sorriso que pretendia ser simpático, mas que só a tornava mais horrorosa.

— Sou a massagista — disse a mulher, e foi entrando, vacilante, tateando os móveis.

Foi então que o homem se deu conta do fato constrangedor: a japonesa era cega. Claro. Como em muitos outros países, tinham-lhe reservado uma ocupação compatível com seu defeito. E deveria ser até uma excelente massagista.

Mas o nosso executivo já não queria massagens. Atrapalhando-se todo, tentou explicar que era engano, que não tinha pedido massagista alguma. A velha senhora ignorava-lhe as explicações; orientada pela voz, avançava na direção dele, sorridente, as mãos estendidas, pronta para massagear.

Iniciou-se então uma estranha caçada. Assustado, o homem fugia pelo quarto, nu (nenhum problema, já que a mulher não podia vê-lo), enquanto a massagista o perseguia, a passos vacilantes, porém determinada a alcançá-lo. Estivesse vestido, o homem teria escapado pelo corredor, mas não, tinha de resolver o assunto ali mesmo.

O acaso ajudou-o. Havia no quarto um grande armário, um *closet,* cujas portas ele tinha deixado abertas. Postou-se ali, resmungou qualquer coisa e, quando a massagista avançou, empurrou-a para dentro e fechou a porta.

Por alguns minutos ouviram-se gritos abafados e golpes na porta. Depois, fez-se o silêncio.

O homem suspirou, aliviado, enxugou o suor.

— Nunca mais — murmurou — me meto numa destas!

Estava decidido a sair, a tomar um trago, a ir numa boate — enfim, a fazer qualquer coisa que apagasse de sua mente a impressão horrível da massagista avançando em sua direção.

Mas aí interveio o destino. Ele abaixou-se para pegar as calças que tinham caído no chão e, ao tentar erguer-se, soltou um grito de dor. Era a coluna! A maldita coluna!

Não teve outro jeito. Gemendo, arrastou-se até o armário e — sorriso amarelo na cara — abriu as portas de par em par.

Parte A: Desencadeando a fala antes da leitura

1. O que você já ouviu falar em lugares como St. Pauli em Hamburgo e Walletjes em Amsterdã?
2. Você já ouviu falar de outros lugares que são ícones de cidades/ países/ regiões como St. Pauli em Hamburgo e Walletjes em Amsterdã?

Parte B: Desencadeando a fala após a leitura

3. Faça um resumo oralmente do verbete/crônica "G" do Dicionário".
4. Quais são alguns dos serviços que o hotel oferece? Em geral, quais serviços os hotéis oferecem? Qual é o seu serviço predileto/favorito?
5. Faça uma descrição da massagista e explique o que a sua cegueira tem a ver com a sua profissão de acordo com o homem da crônica.
6. Por que o homem não diz simplesmente que não quer mais o serviço?
7. Por que o homem deixa a massagista sair do armário?
8. Você concorda com o autor que é "o consumo levado às suas últimas conseqüências"?
9. Por que o homem da crônica achou que massagista era um eufemismo para gueixa?

   Dê exemplos de outros eufemismos.
10. Você já pediu alguma coisa num país estrangeiro e recebeu algo que não era o que você pensava ter pedido? Descreva o acontecimento.

Parte C: A estilística e a gramática com estilo

11. Dê o nome de três países que começam com a letra "G". Como se chamam os habitantes desses países? Agora, escreva algo que você saiba sobre um desses países e/ou os seus cidadãos.
12. Coloque, onde possível, o primeiro parágrafo do texto no futuro. Ocasionalmente, o turismo poderá incluir...
13. Conjugue o verbo intervir no pretérito perfeito e dê um exemplo de alguém ou alguma coisa que interveio no seu destino.
14. Descubra o significado das seguintes expressões e as use em frases da sua criação:
    a. sorriso amarelo
    b. tomar um trago
    c. se meter numa destas

15. Coloque as seguintes palavras no contexto correto: tateando, de par em par, megera, encarquilhado, murcha, arrevesado.
    a. Eu comprei uma rosa para você, mas infelizmente ela está ____________.
    b. A minha amiga é muito boazinha, mas fale mal do país dela e ela vira uma ____________.
    c. ____________, eles saíram do restaurante.
    d. Estava escuro no meu quarto ontem, então eu saí ____________ para não cair.
    e. O sol faz com que o rosto das pessoas fique ____________.

Revisão: verbos com alternância vocálica

Muitos verbos terminados em **–ir** mudam a vogal do radical de **e** para **i** ou de **o** para **u.** Esse fenômeno ocorre apenas na primeira pessoa do singular do presente do indicativo e em todas as pessoas do subjuntivo. Nas formas do imperativo derivadas do presente do subjuntivo esse fenômeno ocorrre 1) imperativo afirmativo: terceira pessoa do singular, primeira e terceira do plural e 2) todas as pessoas do imperativo negativo.

Exemplos

Vestir (e → i)

Presente do Indicativo	Presente do Subjuntivo	Imperativo Afirmativo	Imperativo Negativo
Eu v**i**sto	Que eu vista		
Tu v**e**stes	Que tu vistas	Veste	Não vistas
Você/ele, ela v**e**ste	Que você/ele, ela vista	Vista	Não vista
Nós v**e**stimos	Que nós vistamos	Vistamos	Não vistamos
Vocês/eles, elas v**e**stem	Que vocês/eles, elas vistam	Vistam	Não vistam

Dormir (o → u)

Presente do Indicativo	Presente do Subjuntivo	Imperativo Afirmativo	Imperativo Negativo
Eu durmo	Que eu durma		
Tu dormes	Que tu durmas	Dorme	Não durmas
Você/ele, ela dorme	Que você/ele, ela durma	Durma	Não durma
Nós dormimos	Que nós durmamos	Durmamos	Não durmamos
Vocês/eles, elas dormem	Que vocês/eles, elas durmam	Durmam	Não durmam

Há vários verbos que seguem esse paradigma. Dentre os principais, encontramos:

e → i	**o → u**
competir	cobrir
consentir	descobrir
mentir	tossir
preferir	
repetir	
servir	
sugerir	

Prática

16. **Modos de viajar**. Diga a um/a colega o que você e seus amigos fazem em viagens. Depois pergunte ao/à colega o que ele/ela faz quando viaja..

MODELO: Preferir - Hotel bom e barato vs. hotel perto da praia
Maria: Eu prefiro ficar em um hotel bom e barato. E você?
Sílvia: Eu prefiro ficar em um hotel perto da praia.

a. Dormir – pouco e fazer muita coisa vs. dormir bem e aproveitar a viagem para descansar
b. Vestir- roupas elegantes para ir a lugares sofisticados vs. roupas confortáveis para ir a qualquer tipo de lugar.
c. Descobrir – espírito de aventura, descobrir tudo sozinho vs. guia turístico para mostrar as atrações, não descobrir nada sozinho.
d. Sugerir – comida local vs. comida internacional (menos riscos de sabores estranhos)
e. Cobrir – um percurso enorme sem muita profundidade vs. um percurso menor com mais profundidade.

Revisão: particípio passado

Verbos regulares

Em português, todos os particípios dos verbos regulares em **–ar** terminam em **–ado** e os particípios dos verbos em **–er** e **–ir** geralmente terminam em **–ido**.

- ar → -ado
- er → ido
- ir → ido

Exemplos
retratar: retratado
conhecer: conhecido
vestir: vestido

Verbos irregulares

Abrir → aberto	Fazer→ feito
Cobrir→ coberto	Ver → visto
Escrever→ escrito	Vir → vindo
Dizer → dito	Pôr → posto

Verbos com duas formas de particípio

Alguns verbos têm duas formas de particípio.Se forem conjugados com **ter** ou **haver** não haverá concordância, portanto serão **invariáveis**. Quando conjugados com **ser** ou **estar**, haverá necessidade de concordância, portanto serão **variáveis** ou **flexionáveis**.

Exemplos:

Ultimamente, Maria **tem gastado** muitas horas em transportes públicos

Muitas horas **são gastas** em transportes públicos.

Verbos no infinitivo	Particípios com ser/estar (flexionável)	Particípios com ter/haver (invariável)
aceitar	aceito	aceitado
acender	aceso	acendido
eleger	eleito	elegido
entregar	entregue	entregado
expressar	expresso	expressado
extinguir	extinto	extinguido
dispersar	disperso	dispersado
ganhar	ganho	ganhado
gastar	gasto	gastado
imprimir	impresso	imprimido
limpar	limpo	limpado
matar	morto	matado
morrer	morto	morrido
pagar	pago	pagado
prender	preso	prendido
soltar	solto	soltado
suspender	suspenso	suspendido

No português do Brasil, há atualmente uma preferência na língua falada pela forma irregular, mais breve, mesmo nas construções com o verbo TER. Com os verbos "gastar", "ganhar" e "pagar" predomina a forma irregular.

Ex: gastar – foi gasto, tinha gasto
ganhar – foi ganho, tinha ganho
pagar – foi pago, tinha pago

Prática

17. **Viagens demais.** Complete com o particípio passado na forma correta.

    Há pessoas que adoram viajar. Eu sou uma delas, ou melhor, acho que era. Ultimamente tenho ____________ (trabalhar) tanto que estou começando a não gostar mais. Não tenho ____________ (ter) tempo de ver meus filhos e mal tenho ____________ (falar) com minha esposa ao telefone. Tenho ____________ (gastar) horas e horas em aeroportos e aviões. Minhas energias estão sendo todas ____________ (gastar) com o trabalho. Tinha ____________ (aceitar) este trabalho para dar uma melhor educação a meus filhos. Agora acho que a pior coisa que aconteceu foi ter ____________ (conseguir) esse trabalho!

Figuras de linguagem

Neste capítulo vamos estudar três figuras de linguagem: o eufemismo, a metáfora e a sinédoque.

a. sinédoque: substituição de um termo por outro, em que os sentidos destes termos têm uma relação de extensão desigual (ampliação ou redução).
b. eufemismo: palavra ou expressão que substitui outra considerada vulgar, de mal gosto ou tabu.
c. metáfora: consiste em identificar dois termos entre os quais existe alguma relação de semelhança.

Prática

18. Escreva o nome das figuras de linguagem expressas nas seguintes passagens.
    - "a mais antiga profissão do mundo"
    - "uma luzinha acendeu-se em sua cabeça"
    - "tomar um trago"
19. Agora é sua vez! Construa uma oração usando uma das figuras de linguagem que acabamos de aprender.
20. Escreva sua letra "G" para incluir em seu *Dicionário do viajante insólito.*

Portuguese-English Vocabulary List

Substantivos

Avental *m*	apron
Bairro *m*	area within a city, neighborhood
Boca *f*	mouth
Campainha *f*	doorbell
Consumo *m*	consumption
Fã *m/f*	fan
Firma *f*	commercial or industrial establishment; seal; signature
Vitrina *f*	display window

Verbos

Atrapalhar	to confuse, upset, perturb; to get mixed up, become confused
Despir-se	to undress
Enviar	to send
Ignorar	to ignore
Murmurar	to murmur
Perfumar-se	to perfume oneself
Tatear	to fumble, grope
Soar	to sound; produce a sound; toll, peal, chime; be spread or rumored

Adjetivo

Abafado(a) *m/f*	stuffy
Aliviado(a) *m/f*	relieved
Cego(a) *m/f*	blind
Encarquilhado(a) *m/f*	wrinkled
Horrorizado (a) *m/f*	horrified
Nu(a) *m/f*	nude
Torcido(a) *m/f*	tortuous, twisted; crooked, sinuous

H de Hotéis

Anthony Burgess tem um conto sobre um homem que resolve passar a vida viajando de avião. Ele come nos aviões, ele dorme nos aviões, ele lê nos aviões. Aproveita os aeroportos para tomar banho, trocar de roupa e fazer uma ou outra compra.

Um viajante assim não teria problemas de alojamento; mas um viajante assim, só na ficção. Os outros precisam de algum lugar para dormir. Estudantes conhecendo o mundo usam os bancos de estações ferroviárias ou o chão dos aeroportos; ou então acampam em barracas.

(Acampar em barraca: um sonho de adolescência, que às vezes, fica só no sonho. Conheço um homem que, depois de adulto, resolveu acampar na praia. Tinha barraca, tinha os utensílios de acampamento; o único problema é que tinha também uma casa, uma enorme casa com um conforto do qual ele já não podia prescindir. Resolveu o problema acampando no pátio. Todos os dias a empregada levava-lhe uma bandeja com o café da manhã).

Quando a gente começa a viajar, aceita qualquer teto sobre a cabeça. Pensões, por exemplo; na Europa existem várias: antigas casas, cujos donos recebem hóspedes. Hotéis também não precisam ser caros, desde que se possa prescindir de certos confortos, como banheiro no quarto. Aí há truques. Num hotel em Veneza o elevador só se movia mediante a colocação de uma moeda no receptáculo próprio. No hotel em que ficamos há muitos anos em Zurich fiquei esperando para tomar banho. O homem que estava lá dentro cantava — uma ária de ópera —, mas numa velocidade que deixaria Verdi possesso. Ao entrar, descobri por que: o chuveiro só fornecia água mediante uma moeda, e mesmo assim por tempo limitado: para uma ária dava, para a ópera completa, nunca. No Hotel Royal Navarin, em Paris, não havia interruptor de luz no banheiro. A lâmpada só acendia quando se fechava a porta — mas quem fecharia a porta, se o banheiro estava escuro? Só os iniciados podiam evacuar em paz.

Uma vez chegamos a Florença com muito pouco dinheiro. No terminal turístico da estação ferroviária pedimos um hotel bem barato. A moça deu-nos um endereço. Fomos até lá. Era um velho estabelecimento, com poucos e acanhados quartos. Instala-mo-nos — e durante a noite ficamos surpresos com a movimentação do lugar: gente falando, rindo, cantando. De manhã, encontramos algumas das freqüentadoras e nos demos conta: era um equivalente local, e muito mais precário, de nossos motéis.

Para hotéis melhores é preciso fazer a reserva. E é então que alguém com um sobrenome complicado, como o meu, sofre. Uma vez tive de viajar a São Luiz, no Maranhão, e resolvi telefonar para o hotel fazendo uma reserva. O homem não conseguia entender o Scliar. Para facilitar as coisas, resolvi soletrar: S de Silveira, C de Carlos, L de Luiz e assim por diante. Viajei, fui ao hotel, perguntei por minha reserva. O homem consultou o livro: Scliar, de Porto Alegre? Não, não havia nenhuma reserva para alguém deste nome. Olhou de novo o livro e completou:

— Para Porto Alegre, há reserva para um grupo: o Silveira, o Carlos, o Luiz...

E às vezes não se consegue lugar em hotel. Foi o que aconteceu com certo casal.

Chegaram à cidade tarde da noite. Estavam cansados da viagem; ela, grávida, não se sentia bem. Foram procurar um lugar onde passar a noite. Hotel, hospedaria, qualquer coisa serviria, desde que não fosse muito caro.

Não seria fácil, como eles logo descobriram. No primeiro hotel o gerente, homem de maus modos, foi logo dizendo que não havia lugar. No segundo, o encarregado da portaria olhou com desconfiança o casal e resolveu pedir documentos. O homem disse que não tinha; na pressa da viagem esquecera os documentos.

— E como pretende o senhor conseguir um lugar num hotel, se não tem documentos? — disse o encarregado. — Eu nem sei se o senhor vai pagar a conta ou não!

O viajante não disse nada. Tomou a esposa pelo braço e seguiu adiante. No terceiro hotel também não havia vaga. No quarto — que era mais uma modesta hospedaria — havia, mas o dono desconfiou do casal e resolveu dizer que o estabelecimento estava lotado. Contudo, para não ficar mal, deu uma desculpa:

— O senhor vê, se o governo nos desse incentivos, como dão para os grandes hotéis, eu já teria feito uma reforma aqui. Poderia até receber delegações estrangeiras. Mas até hoje não consegui nada. Se eu conhecesse alguém influente... O senhor não conhece ninguém nas altas esferas?

O viajante hesitou, depois disse que sim, que talvez conhecesse alguém nas altas esferas.

— Pois então — disse o dono da hospedaria -fale para esse seu conhecido da minha hospedaria. Assim, da próxima vez que o senhor vier, talvez já possa lhe dar um quarto de primeira classe, com banho e tudo.

O viajante agradeceu, lamentando apenas que seu problema fosse mais urgente: precisava de um quarto para aquela noite. Foi adiante.

No hotel seguinte, quase tiveram êxito. O gerente estava esperando um casal de conhecidos artistas, que viajavam incógnitos. Quando os viajantes apareceram, pensou que fossem os hóspedes que aguardava e disse que sim, que o quarto já estava pronto. Ainda fez um elogio:

— O disfarce está muito bom.

Que disfarce? perguntou o viajante. Essas roupas velhas que vocês estão usando, disse o gerente. Isso não é disfarce, disse o homem, são as roupas que nós temos. O gerente aí percebeu o engano:

— Sinto muito — desculpou-se. — Eu pensei que tinha um quarto vago, mas parece que já foi ocupado.

O casal foi adiante. No hotel seguinte, também não havia vaga, e o gerente era metido a engraçado. Ali perto havia uma manjedoura, disse, por que não se hospedavam lá? Não seria muito confortável, mas em compensação não pagariam diária. Para surpresa dele, o viajante achou a idéia boa, e até agradeceu. Saíram.

Não demorou muito, apareceram os três Reis Magos, perguntando por um casal de forasteiros. E foi aí que o gerente começou a achar que talvez tivesse perdido os hóspedes mais importantes já chegados a Belém de Nazaré.

Parte A: Desencadeando a fala antes da leitura

1. Você gosta de se hospedar em hotéis? Qual é sua forma preferida de hospedagem?
2. Descreva um hotel no qual você se hospedou e que você adorou. Agora, descreva uma experiência desagradável num hotel.

Parte B: Desencadeando a fala após a leitura

3. Faça, oralmente, um resumo do verbete/crônica "H" do "Dicionário".
4. O que aconteceu com nosso autor em Florença? Você já teve algum problema assim?
5. O que acontece ao casal da crônica? Em sua opinião, por que o autor o incluiu nesta crônica?
6. Se você conhecesse (imperfeito do subjuntivo) alguém influente o que você pediria?

Parte C: A estilística e a gramática com estilo

7. Dê o nome de um país e/ou cidade que começa(m) com a letra "H". Como se chamam os habitantes desse lugar? Agora, escreva algo que você saiba sobre esse lugar e/ou os seus cidadãos.
8. A palavra "banco" tem vários significados. Dê duas explicações para os seus significados e escreva uma frase original para cada um.
9. O que são "utensílios"? Dê o nome de três utensílios que usamos com freqüência.
10. Dê o sinônimo da palavra "prescindir". Escreva uma frase original.
11. O que significa "acanhado" neste texto? Há outros significados para "acanhado"? Dê dois exemplos.
12. Coloque no pretérito perfeito e imperfeito o primeiro parágrafo do texto:
13. Agora coloque o mesmo parágrafo no futuro:
14. Coloque no singular as seguintes palavras:

    Estações, hotéis, delegações

Revisão: mais-que-perfeito

I -Forma

Na modalidade oral do português do Brasil, a forma mais usada do "mais-que-perfeito" é composta pelo verbo "ter" no imperfeito acrescida do particípio passado do verbo principal.

Exemplo: "tinha preparado"
Às dez horas tomei o suco de laranja que **tinha preparado** às oito horas.

II - Função

O "mais-que-perfeito" ajuda a ordenar cronologicamente fatos ocorridos no passado.

Tomemos como exemplo a seguinte situação:
Paula (no presente) conta o seguinte a Mariana:
Ontem **usei** o vestido que **tinha comprado** na semana passada
Agora vamos colocar a situação acima em uma linha do tempo

Presente	Passado I	Passado II
Falante no presente	Conta um episódio no passado "usei"	Insere um segundo passado em sua narrativa "tinha comprado"

Portanto, o "mais-que-perfeito" insere um "passado ainda mais anterior" dentro de uma narrativa que conta episódios ocorridos no passado.

Observação importante

Na modalidade oral é muito comum que falantes nativos do português brasileiro eliminem o "mais-que-perfeito", usando o "pretérito perfeito" em seu lugar.

Portanto, a situação acima seria expressa da seguinte maneira:

Ontem **usei** o vestido que **comprei** na semana passada.

III- Variantes do "mais-que-perfeito" e registro

Além da forma:

imperfeito do verbo ter + particípio passado do verbo principal

Exemplo: Eu já **tinha feito** o almoço quando as crianças chegaram do clube.

há duas formas que exprimem o mais-que-perfeito. São elas

a. Registro mais formal

imperfeito do verbo haver + particípio passado do verbo principal

Exemplo: Eu já **havia feito** o almoço quando as crianças chegaram do clube.

b. Registro ainda mais formal

radical oriundo da terceira pessoa do pretérito perfeito + terminações "-a, -as, -a, -amos, -am"

Exemplo: Eu já **fizera** o almoço quando as crianças chegaram do clube.

Verbo "Fazer"

Pretérito perfeito	**Mais-que-perfeito**
Eu fiz	Eu FIZER **-a**
Tu fizeste	Tu FIZER **-as**
Você/ele,ela fez	Você/ele,ela FIZER **-a**
Nós fizemos	Nós FIZÉR **-amos**
Vocês/eles,elas FIZERam	Vocês/eles,elas FIZER **-am**

IV- Usos do "registro"

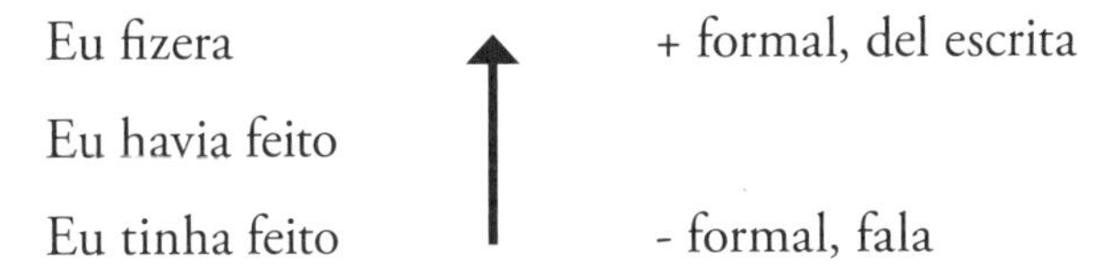

Prática

15. Leia a cronologia abaixo e faça o exercício conforme o exemplo:

    Exemplo: Maria engravida e o casal decide viajar. Maria já tinha engravidado quando o casal resolveu viajar.

a. Maria engravida e o casal decide viajar.
b. O casal percorre quilômetros a pé e avista a cidade à qual se destinam.
c. Em um dos hotéis o gerente aceitou o casal e alega não haver mais lugar para o casal.
d. O casal perde todos os documentos durante a viagem. O funcionário de outro hotel pede documentos.
e. O gerente de outro hotel desconfia do casal e resolve dar uma desculpa para mandá-los embora.
f. O gerente de um dos hotéis confunde o casal pobre com um casal rico. Quando se dá conta do engano sugere uma manjedoura ao casal pobre.
g. O casal chega à manjedoura muito tarde da noite, antes foram a mais de quatro hotéis.

Revisão: imperfeito do subjuntivo

O imperfeito do subjuntivo é formado a partir da raiz da terceira pessoa do plural do pretérito perfeito do indicativo mais as terminações **–sse –sses –sse –ssemos -ssem**

Pretérito perfeito	**Pretérito mais-que-perfeito**
Eu disse	Se eu disse**sse**
Tu disseste	Se tu disse**sses**
Você/ele,ela disse	Se você/ele,ela disse**sse**
Nós dissemos	Se nós dissé**ssemos**
Vocês/eles,elas disseram	Se vocês/eles,elas disse**ssem**

Principais conjunções que desencadeiam o imperfeito do subjuntivo:

caso; mesmo que; é melhor que; embora, para que, a fim de que, desde que; talvez; lamentar que; sentir muito que; se; quando; assim que; logo que, etc.

Prática

16. Complete com um dos verbos no imperfeito do subjuntivo:

Se ____________ (ser) mais jovem aceitaria ficar em qualquer lugar desde que não ____________ (haver) sujeira. Caso lhe ____________ (dizer) que em uma determinada loja os preços ____________ (estar) fora da realidade, iria de qualquer modo, mesmo que ____________ (dormir) na estação de trem. Caso ____________ (precisar) de alguém para fazer uma longa viagem, sempre podiam contar com ele. Infelizmente as coisas mudaram com os tempos. Para que ele ____________ (fazer) uma pequena viagem, seria preciso muita preparação. No ano passado, resolveu ir a Buenos Aires. Embora ____________ (estar) preocupado, pensando que talvez ____________ (ter) sido precipitado, tratou de todos os preparativos. Pensou muito e telefonou para a irmã avisando da viagem: sim, sim, assim que ____________(chegar) ligaria novamente para ela. Ficar em um hotel qualquer? Fora de questão! Lamentou que ela não o ____________ (entender). Depois, pensou melhor e esboçou um pequeno sorriso: é melhor que ____________ (guardar) a imagem do adolescente aventureiro que há muito havia desvanecido...

Figuras de linguagem

Neste capítulo vamos estudar três figuras de linguagem: a pergunta retórica, a alusão e a sinédoque.

a. sinédoque: substituição de um termo por outro, em que os sentidos destes termos têm uma relação de extensão desigual (ampliação ou redução).

b. alusão: consiste na referência explícita ou implícita a uma obra de arte, um fato histórico ou um autor.

c. pergunta retórica: interrogação que não tem o objetivo de obter uma informação ou uma resposta. Este recurso estilístico é usado para criar interesse nos espectadores, ouvintes ou leitores e enfatizar uma conclusão já sabida de antemão.

Prática

17. Escreva os nomes das figuras de linguagem expressas nas seguintes passagens.
    - "mas quem fecharia a porta se o banheiro estava escuro?"
    - "Quando a gente começa a viajar, aceita qualquer teto sobre a cabeça".
    - "Não demorou muito, apareceram os três Reis Magos, perguntando por um casal de forasteiros."

18. Agora é sua vez! Construa uma oração usando uma das figuras de linguagem que acabamos de aprender.

19. Escreva sua letra "H" para incluir em seu *Dicionário do viajante insólito.*

Portuguese-English Vocabulary List

Substantivos

Alojamento *m*	lodging; accommodation
Banco *m*	benches; banks
Barraca *f*	tent
Casal *m*	couple
Chuveiro *m*	shower
Conta *f*	bill
Diária *f*	daily rate
Engano *m*	a mistake, an error
Hóspede *m/f*	guest
Lâmpada f	lightbulb
Truque *f*	trick

Verbos

Acampar	to camp
Aproveitar	to use to advantage; make good use of; put to good use
Pensão	pension
Prescindir	to prescind, dispense, leave out or aside; to renounce, to do without
Reservar	to make a reservation

Adjetivo

Acanhado(a) *m/f*	timid, bashful; awkward
Barato(a) *m/f*	inexpensive; cheap
Precário(a) *m/f*	precarious
Grávida *f*	pregnant

I de Igreja

Principalmente na Europa, mas em muitos outros países a história está indissoluvelmente ligada a templos. Mesmo as pessoas que não são religiosas, em algum momento, visitarão uma igreja, ou uma mesquita, ou uma sinagoga, ou um templo. E freqüentemente será uma visita emocionante. Crença é algo que emociona, mesmo — ou sobretudo — aos descrentes. A crença, mais do que a descrença, moveu a humanidade, e moveu a humanidade a construir, a colocar pedra sobre pedra num esforço de erguer-se acima da planície e chegar lá em cima, lá onde a divindade... Bem.

Há muito que admirar, em termos de arquitetura religiosa. Desde a pequena igreja de aldeia até a, às vezes exagerada, magnificência do barroco, passando pela mística imponência do gótico em Notre Dame. Há a sinagoga portuguesa de Amsterdam, com os painéis de jacarandá brasileiro, o sombrio interior iluminado por dezenas de velas; há os templos budistas e o Taj Mahal; há a mesquita de El Aksa, e as igrejas do Aleijadinho e o Bonfim na Bahia e o convento de São Bento no Rio. Às vezes é o templo todo que a gente lembra; às vezes um momento — concerto de órgão em igreja medieval, pode haver coisa mais linda? Às vezes um detalhe: as gárgulas de Notre Dame — o que fazem aqueles lúbricos e melancólicos demônios junto a anjos e santos?

O templo que me vem à memória é pequeno, modesto e não figura em qualquer guia turístico. Cheguei a ele por acaso; eu participava de um seminário no Campus da Universidade de Chapel Hill, em North Carolina. O campus americano em geral fica distante de centros urbanos, mas este era muito distante — tão distante que não dava para ir a um cinema ou um teatro ou mesmo um bar; ficava bem claro que estávamos ali para trabalhar, e só para trabalhar. No domingo, porém, nosso coordenador teve pena de seus seminaristas; conseguiu um microônibus para nos levar — onde? — a um serviço religioso que se realizava a uns trinta quilômetros dali. Todos, incluindo hindus, muçulmanos e ateus, quiseram ir. Qualquer coisa serviria de pretexto para sair um pouco.

Percorremos pitorescas e sinuosas estradas vicinais em meio a fazendas e plantações e por fim chegamos ao lugar, uma pequena igreja metodista no meio do campo. Construção simples, de madeira, como muitas vezes são os templos americanos. A congregação era composta exclusivamente de negros. Aos poucos eles foram chegando, os homens e os rapazes de terno e gravata, as mulheres com elegantes vestidos e chapéus, as meninas de luvas brancas. Sentaram-se todos, reservando-nos um lugar de honra, bem à frente. O reverendo apresentou-nos, fomos discretamente aplaudidos e o serviço começou. Era um serviço convencional, até o momento em que o coro começou a cantar. Uma extraordinária transformação foi se operando naquelas pessoas. A princípio contidas, elas começaram a cantar também, acompanhando o ritmo com palmas e movimentos do corpo, radiantes, transportadas de êxtase — um êxtase que contagiava a nós, os estrangeiros: logo estávamos cantando e batendo palmas...

No domingo seguinte, o programa era outro, e no terceiro fomos embora, de modo que nunca mais voltei à pequena igreja, da qual ignoro até o nome. Mas sei que se alguma vez estive perto de Deus, do Deus das igrejas, foi naquele momento.

Parte A: Desencadeando a fala antes da leitura

1. Já lhe aconteceu de estar viajando, chegar a um local e, de repente, ter uma imensa vontade de sair daquele lugar? No entanto, por um motivo qualquer, não poder?

Parte B: Desencadeando a fala após a leitura

2. Faça, oralmente, um resumo do verbete/crônica "I de Igreja" do "Dicionário".
3. Você já se impressionou com alguma igreja ou templo? Descreva este edifício em detalhes e diga onde fica.
4. Muitas vezes em sociedade precisamos fazer as coisas discretamente. Dê exemplos de algo que precisamos fazer discretamente.

5. O que pode ser um objeto "sinuoso"? Dê dois exemplos e escreva frases originais.
6. Descreva um momento em que você ficou "radiante" de felicidade.

Parte C: A estilística e a gramática com estilo

7. Dê o nome de três países que começam com a letra I. Como se chamam os habitantes desses países? Agora, escreva algo que você saiba sobre um desses países e/ou os seus cidadãos.
8. Dê um antônimo de "discretamente". Escreva uma frase original.
9. Dê um antônimo de "sinuosas". Escreva uma frase original.
10. Dê um sinônimo de "radiantes". Escreva uma frase original.
11. Coloque as seguintes palavras no plural:

    construção, congregação, convencional.

Revisão: futuro simples

No Brasil, o futuro simples é usado quase que exclusivamente na escrita. Na fala, há uma preferência pelo futuro composto, ou seja "verbo **ir** + infinitivo". O futuro simples é formado pelo infinitivo mais as seguintes terminações **-ei**, **-ás**, **-á**, **-emos**, **-ão**.

Verbos regulares

- ar - VIAJAR	- er - BEBER	- ir - ASSISTIR
Eu viajar**ei** Tu viajar**ás** Você/ele, ela viajar**á** Nós viajar**emos** Vocês/eles, elas viajar**ão**	Eu beber**ei** Tu beber**ás** Você/ele, ela beber**á** Nós beber**emos** Vocês/eles, elas beber**ão**	Eu assistir**ei** Tu assistir**ás** Você/ele, ela assistir**á** Nós assistir**emos** Vocês/eles, elas assistir**ão**

Verbos irregulares

Há apenas três verbos irregulares no futuro simples

DIZER	FAZER	TRAZER
Eu dir**ei** Tu dir**ás** Você/ele, ela dir**á** Nós dir**emos** Vocês/eles, elas dir**ão**	Eu far**ei** Tu far**ás** Você/ele, ela far**á** Nós far**emos** Vocês/eles, elas far**ão**	Eu trar**ei** Tu trar**ás** Você/ele, ela trar**á** Nós trar**emos** Vocês/eles, elas trar**ão**

Prática

12. Agora levante e circule pela sala de aula. Procure alguém em sua turma que:

a. Mudará para outro país em breve ____________
b. Nunca pedirá informações a desconhecidos ____________
c. Viajará para um país de língua portuguesa ainda este ano ____________
d. Nunca pegará carona ____________
e. Sempre terá um mapa na mala quando viajar ____________
f. Nunca dará carona ____________
g. Sempre viajará nas férias ____________
h. Nunca pagará uma passagem de primeira classe ____________

I de Informações

Turistas estão sempre pedindo informações. Num inglês macarrônico, num espanhol incompreensível, num alemão arrevesado, querem saber como se vai a tal lugar, a que horas passa tal condução, onde se pode comprar tal ou qual objeto. Em geral, as pessoas mostram-se compreensivas e dispostas a ajudar; o que mostra que nem tudo está perdido em termos de humanidade. Quando podem. Em Berlim, uma noite, a caminho do teatro perdi-me. Perdi-me completamente, e não tinha a quem perguntar: era uma noite gélida de inverno, não havia viv'alma na rua. Finalmente avisto um cidadão que vem caminhando, encurvado por causa do vento. Corro até ele, esperando que entenda inglês. Nem inglês, nem alemão, nem qualquer outra língua; é — como descubro pelos sinais que me faz, sorrindo pateticamente — um surdo-mudo. Por mímica, mostro-lhe que quero ir ao teatro, e até faço uma pequena encenação. Milagrosamente, ele entende. E me indica o teatro, não longe dali.

Perguntando, turistas podem ser chatos e inconvenientes. E até assustadores. Foi o que eu descobri numa estação do metrô de Miami, um trem que — sem condutor — percorre eficiente e fantasmagoricamente o perímetro central da cidade, uma região que, à noite, costuma ficar deserta.

Quando cheguei à estação, não havia ninguém. Esperei uns bons quinze minutos, e nada: nem trem, nem passageiros, ou candidatos a.

De repente apareceu um nativo. Um homenzinho frágil, de cabelos afro, usando camiseta, calças jeans e uns tênis rasgados. O andar vacilante mostrava que tinha passado por vários bares antes de, finalmente, se decidir a ir para casa. Não parecia a pessoa mais adequada para dar uma informação, mas, não havendo outro jeito, dirigi-me até ele para perguntar se ainda havia trens.

A reação foi extraordinária. O homem me olhou, arregalou os olhos e, sem uma palavra, fugiu, desaparecendo nas sombras da estação. Eu ainda quis correr atrás dele para explicar que era inofensivo, mas nesse momento o trem chegava. Entrei, sentei-me.

Por alguma *razão,* a porta demorou a fechar — e então o homem saiu da escuridão para embarcar também. Aí me viu. Gritou — dessa vez gritou — e fugiu. Nunca mais o vi, mas gostaria de encontrá-lo de novo. Para agradecer-lhe: devemos ser gratos a quem nos permite, ao menos por um instante, assumir o nosso lado assustador.

Às vezes perguntar é que resulta num susto. Numa livraria de Nova Iorque perguntei ao vendedor onde ficava a estação de metrô mais próxima. Ele disse que eu a encontraria logo ao dobrar a esquina.

Foi o que fiz, mas não havia estação alguma. Às vezes as entradas de metrô ficam meio escondidas, mas aquela devia estar escondida demais: percorri o quarteirão várias vezes, sem achá-la. O pior é que estava anoitecendo, fazia um frio terrível e começava a nevar.

Um homem vinha em minha direção. Um homem jovem, usando um gorro e uma velha jaqueta de lã. Dirigi-me a ele, perguntei pela estação de metrô. Sorriu, maligno: a estação de metrô ficava longe, eu teria de caminhar muito até chegar a ela. A informação discrepava tanto da que eu acabara de receber (de um empregado de livraria, uma pessoa, portanto, supostamente culta), que eu não pude deixar de manifestar minha incredulidade.

Pra quê.

Instantaneamente transtornado, o homem pôs-se a gritar: então eu não acreditava nele? Mas quem era eu, um maldito estrangeiro, para não acreditar nele? E agora já era um comício que ele fazia, destinado não só ao eventual interlocutor, mas aos transeuntes em geral, aos norte-americanos, à humanidade:

— Vocês não acreditam em mim! Vocês pensam que eu estou mentindo! Mas um dia eu mostro quem está falando a verdade! Um dia eu mostro!

Não duvidei. Como também não duvidei que, se por acaso ele tivesse uma arma automática, teria imediatamente desencadeado um massacre. Só que não o faria por minha causa. Agradeci e me fui, disposto a empreender a caminhada até a estação de metrô. A dele, claro.

Parte A: Desencadeando a fala antes da leitura

13. Já lhe aconteceu de viajar para um país cuja língua lhe fosse totalmente desconhecida? Relate sua experiência.
14. Você é dessas pessoas que nunca pedem informações ou você pede informações?

Parte B: Desencadeando a fala após a leitura

15. Faça, oralmente, um resumo do verbete/crônica "I de Informação" do "Dicionário".
16. Já lhe aconteceu de se perder durante uma viagem?
17. Durante uma viagem, já lhe aconteceu de receber informações erradas que lhe custaram caro?
18. Já lhe aconteceu de encontrar, durante uma viagem, pessoas muito estranhas e/ou assustadoras?

Parte C: A estilística e a gramática com estilo

Revisão: diminutivos

Em português, a maior parte dos diminutivos é formada com o acréscimo dos sufixos **-(z) inho/ -(z) inha**. Há, no entanto, alguns diminutivos formados com o acréscimo de sufixos tais como: **-acho** "rio = riacho"; **–ico** "burro = burrico"; **-ejo** "lugar = lugarejo";**-ela** "olhar - olhadela"; **-eto** "folha = folheto".

Na maioria dos casos, retira-se a última vogal das palavras acentuadas na penúltima sílaba e acrescentam-se os sufixos.

Exemplos:

igreja → igrejinha   vela → velinha   santo → santinho

Usam-se os sufixos **–zinho/-zinha** caso as palavras terminem em:

a) sílabas tônicas:

metrô → metrozinho   vendedor → vendedorzinho

b) em duas vogais:

extraordinária → extraodinariazinha   memória → memoriazinha

c) em som nasal:

trem → trenzinho   órgão → órgãozinho

Além de obviamente exprimir a idéia de "tamanho menor que o usual", dependendo do contexto, o emprego do diminutivo pode expressar sentimentos completamente opostos: negativos ou positivos.

> Vamos pegar um cineminha hoje à tarde – sentimento de prazer
>
> Mas, que cineminha sujo. Tem pipoca para todo lado – sentimento de desprezo.

Prática

19. Passe as palavras abaixo para o diminutivo:

 a. coordenador
 b. cidadão
 c. estação
 d. dia
 e. templo
 f. língua
 g. terno
 h. noite
 i. construção

Figuras de linguagem

Neste capítulo vamos estudar três figuras de linguagem: a elipse, a ironia e a hipérbole.

 a. ironia: recurso por meio do qual se diz o contrário do que se quer dar a entender.
 b. elipse: supressão de um termo que pode ser facilmente subentendido pelo contexto lingüístico ou pela situação
 c. hipérbole: ênfase exagerada.

Prática

20. Escreva os nomes das figuras de linguagem expressas nas seguintes passagens.

 - "[...] nem trem, nem passageiros, ou candidatos a"
 - "E agora já era um comício que ele fazia, destinado [....] à humanidade"
 - "Crença é algo que emociona, mesmo –ou sobretudo – aos descrentes"

21. Agora é sua vez! Construa uma oração usando uma das figuras de linguagem que acabamos de aprender.

22. Escreva sua letra "I" para incluir em seu *Dicionário do viajante insólito.*

Portuguese-English Vocabulary List

Substantivos

Gorro *m*	hood
Gravata *f*	tie
Jaqueta *f*	jacket
Terno *m*	suit

Adjetivos

Escondido(a) *m/f*	hidden
Gélido(a) *m/f*	frozen
Maldito(a) *m/f*	cursed, confounded, darned, damned
Rasgado(a) *m/f*	torn
Sinuoso(a) *m/f*	sinuous

Verbos

Acreditar	to believe
Desencadear	to unleash, unchain, unlink
Gritar	to scream, to yell
Mentir	to lie

J de Jantar

Para o turista, a grande refeição é o jantar. O café da manhã, mesmo farto, é apressado — há tanta coisa para ver — o almoço será talvez um hambúrguer, mas o jantar, ah, o jantar é o coroamento do dia, É então que as cadernetas com as dicas são consultadas. E dicas não faltam: todo mundo sabe de algum restaurante fantástico, um lugarzinho desconhecido, onde os preços não são altos e o vinho é extraordinário. E, na volta o viajante certamente vai contar sobre o restaurante fantástico, um lugarzinho desconhecido, onde os preços não são altos e o vinho é extraordinário.

Mas às vezes o melhor lugar para jantar é aquele que não figura em caderneta alguma, em guia de turismo algum. Lembro de uma noite, em Paris, em que estávamos esfomeados e queríamos jantar. Não tínhamos, porém, dica nenhuma (e também não tínhamos muito dinheiro: aquela era a nossa primeira viagem). Entramos então numa *charcuterie,* compramos saladas e pãezinhos e fomos nos sentar na Place des Vosges. Fazia calor, havia muita gente ali — senhores lendo jornal, mães com os filhos — e nós comemos olhando para as belas construções daquele recanto histórico da capital francesa. O nome da *charcuterie* não recordo, mas a praça, sem dúvida, continua lá e pode ser citada como um grande lugar para jantar.

Parte A : Desencadeando a fala antes da leitura

1. Quais são as três refeições do dia? O que você geralmente come em cada refeição? Qual é a sua refeição preferida (favorita/predileta)?
2. Como era a sua rotina em relação às refeições quando você morava em casa? É diferente agora?

Parte B : Desencadeando a fala após a leitura

3. Faça, oralmente, um resumo do verbete/crônica "J de Jantar" do "Dicionário".
4. O que significa a palavra "dicas". Você tem alguma boa dica de viagem?
5. Você muda seus hábitos alimentares durante viagens? De que maneira?
6. Você teve boas experiências com comidas e/ou refeições em alguma viagem? Conte como foi?
7. Você já passou mal por causa de comida durante uma viagem? Conte o que aconteceu.

Parte C : A estilística e a gramática com estilo

8. Dê o nome de três países que começam com a letra "J". Como se chamam os habitantes desses países? Agora, escreva algo que você saiba sobre um desses países e/ou os seus cidadãos.
9. Dê um antônimo e um sinônimo de "esfomeados". Escreva uma frase original para cada um.
10. Escreva um parágrafo no pretérito perfeito e imperfeito sobre uma refeição excepcional que você fez em algum restaurante.
11. Coloque o seguinte parágrafo do texto de Scliar na primeira pessoa do singular (eu). Depois o coloque na terceira pessoa do plural (eles, elas).

    "Não tínhamos, porém, dica nenhuma...da capital francesa".

Revisão: pronomes relativos

Variáveis				**Invariáveis**
Masculino		*Feminino*		
(o) qual	(os) quais	(a) qual	(as) quais	que
cujo	cujos	cuja	cujas	quem
quanto	quantos	----	quantas	onde

Os pronomes relativos são palavras que abarcam o sentido de uma única palavra ou a totalidade de uma oração anterior.

Exemplos:

[...] um lugarzinho desconhecido, **onde** os preços não são altos e o vinho é extraordinário.

"onde" significa "um lugarzinho desconhecido"

[...] Jerusalém foi conquistada pelos árabes, **cujo** domínio prolongou-se [...]

"cujo" significa "árabes"

Atenção! Quando **quem** fizer referência a pessoas, deve ser sempre precedido por uma preposição (**com**, **de**, **para**, etc).

Prática

12. Complete o seguinte diálogo com os pronomes relativos que faltam:

Daniela: A viagem ____________ Izabel fez foi fantástica, uma maravilha para ____________ nunca havia saído do país ____________ nasceu.

Janete: Não sei de ____________ Izabel você está falando.

Daniela: Estou falando daquela ____________ marido foi seu namorado.

Janete: Ah! A Izabel Antunes. Mas, o marido dela nunca foi meu namorado, apenas uma pessoa com ____________ saí muitas vezes.

Daniela: Mas não foi com ele ____________ você foi a Paris?

Janete: Foi, sim. Fomos como amigos e conhecemos lugares incríveis. Uma cidade para ____________ aliás gostaria de voltar.

Daniela: E por que você não volta?

Janete: Porque não conheço ninguém ____________ goste das mesmas coisas que eu, ninguém ____________ alma seja parecida com a minha, ninguém com ____________ possa compartilhar o prazer de uma viagem dessas.

Daniela: Nossa! Você é mesmo complicada!

J de Jerusalém

As cidades nos falam, nos dizem coisas: Ouro Preto narra histórias de um Brasil que já não existe, São Paulo apregoa as contradições da modernidade brasileira. E as mensagens das cidades ecoam de forma diversa em nós, sensibilizando-nos, maravilhando-nos, ou, ao contrário, deixando-nos indiferentes. Uma cidade me marcou, por circunstâncias peculiares. Aliás, ela marca de forma indelével a nossa civilização. *I'm talking about Jerusalém* -o título da peça de Arnold Wesker contém uma afirmação que é definitiva.

Em Jerusalém cada pedra tem história. É uma história que se inicia, há mais de quatro mil anos, nas rochosas colinas da Judéia, lugar que não era dos mais apropriados para uma cidade: está distante do mar, está distante de qualquer grande rio; a região não é rica em minérios e a terra não é apropriada para a agricultura. A importância desta localização era geopolítica: já no segundo milênio antes de Cristo — quando pela primeira vez é mencionada em textos — Jerusalém estava a meio caminho entre dois impérios, o egípcio ao sul, o assírio ao norte. Os impérios depois mudaram, mas essa imagem de centro, do umbigo do mundo, ficou e adquiriu dimensão mística: um mapa alemão do século dezesseis mostra os três continentes do Velho Mundo, Europa, Ásia e África, convergindo para Jerusalém.

Localização estratégica, pois. E por causa disto, perigosa. Centro do mundo significa centro dos conflitos, cenário de batalhas sangrentas. Por isso era até certo ponto irônica a idéia de Jerusalém como *Ir Shalom,* a cidade da paz. Irónica e equivocada: a origem mais provável do nome é *Yara Salem,* ou seja, "Fundada por Salem", este, um deus local. E que não se revelou um grande protetor: a cidade trocou de mãos várias vezes: egípcios, hicsos, egípcios novamente, jebuseus. Finalmente os israelitas entraram em cena e assumiram o domínio da região; mas foi somente com o rei David que Jerusalém tornou-se, no começo do décimo século A.C, uma cidade judaica. E foi com Salomão, que o historiador Cecil Roth chamou de "O Rei-Sol judaico", que a cidade adquiriu seu esplendor, do qual o Templo era a expressão maior.

Conquistada e libertada várias vezes, Jerusalém caiu por fim nas mãos do Império Romano. É nessa cidade que Jesus entra em triunfo, saudado pelo povo; lá prega contra os ricos, os poderosos, os hipócritas; lá derruba as mesas dos vendilhões do templo, lá celebra a Santa Ceia, lá é preso, julgado, executado. A Jerusalém "mata os profetas e apedreja os que lhe são enviados", está condenada; do templo "não ficará pedra sob pedra". A profecia não tardou a se cumprir. A rebelião judaica contra Roma foi punida por Tito com ferocidade exemplar; tomada Jerusalém, o templo foi incendiado. O nono dia do mês judaico de Av tornou-se, desde então, uma data de luto.

Mais tarde, Jerusalém foi conquistada pelos árabes, cujo domínio prolongou-se, apesar das várias cruzadas. Templos e santuários mostravam que a cidade era agora sagrada para três religiões, o que criava complicados problemas de convivência. Para os judeus, o principal lugar de veneração era o Muro das Lamentações, resto de um dos grandes muros de arrimo que sustentavam a esplanada do templo de Herodes. Molhadas

das lágrimas dos peregrinos, as grandes pedras davam um testemunho de um passado que teimava em permanecer vivo. Um passado que nutria o judaísmo disperso. Voltar a Jerusalém era a secreta aspiração de todo judeu.

Todo judeu? Bem, não sei. Sonhava eu, por exemplo, em voltar a Jerusalém? Não recordo os sonhos da infância, mas acho que a lendária cidade neles não aparecia. Judaísmo, para mim, era outra coisa: as histórias contadas por meus pais e por nossos vizinhos do bairro Bom Fim, em Porto Alegre, os *varenikes,* bolinhos, que minha avó fazia, os livros de Scholem Aleichem, escritor judeu-russo, os filmes em ídiche que eu via no cinema *Baltimore,* o colégio, o Círculo Social Israelita, onde fui aos primeiros bailes. Jerusalém? Uma visão longínqua. Em 1948 foi proclamada a independência do Estado de Israel, o que me encheu de orgulho e esperança; mas era no *kibutz* que eu pensava, na célula comunal que correspondia às visões socialistas de minha juventude. Jerusalém? Estava nas mãos dos jordanianos.

Em 1970 viajei pela primeira vez a Israel; ia participar em um curso sobre saúde comunitária em Beer Sheva, no sul. E aí fui, finalmente, a Jerusalém. Três anos antes, a cidade havia sido (mais uma vez!) reconquistada. Cenas de inaudita emoção (que, no entanto, ao "judeu não-judeu" Isaac Deutscher causaram desgosto) se tinham registrado; numa delas, captada por um fotógrafo, um jovem soldado, capacete na mão, mirava, arrebatado, o Muro. Mas agora a euforia terminara; Jerusalém estava incorporada à realidade cotidiana do Estado judeu. Em frente ao Muro, antes confinado numa estreita ruela, agora havia um amplo espaço. E foi ali que a comoção me assaltou. Jerusalém apossou-se de mim instantaneamente, completamente; num segundo eu estava envolto na atmosfera mística da cidade, arrebatado — como (muito guardadas as proporções) foi o profeta Elias arrebatado ao céu num carro de fogo. Não me lembro de ter chorado muitas vezes depois de adulto; quando minha mãe morreu em meus braços... e em algumas outras ocasiões. Mas naquele momento caí num pranto convulso. Por quem chorava eu? Por muitos, chorava eu. Pelos humilhados e perseguidos, pelos subjugados e massacrados, pelos cativos de Roma e pelas vítimas do Holocausto. Mas sobretudo eu chorava por mim mesmo, pelo garotinho do bairro Bom Fim, em Porto Alegre, o garotinho que construía cidades imaginárias no quintal de sua casa. Eu não queria reconstruir Jerusalém; não queria um templo magnífico, não queria sacerdotes sacrificando pombos e cordeiros para aplacar um deus enigmático. Eu queria apaziguar a culpa dentro de mim — eu queria reconciliar-me comigo mesmo, com meus pais, com minha herança judaica que tantas vezes carreguei como uma carga pesada (por que diabos eu tinha de nascer judeu?). A aflição apossava-se de mim; e ela aumentou quando, o crepúsculo caindo sobre a cidade, aves negras surgiram de repente e começaram a voejar sobre os religiosos que, balançando o corpo para diante e para trás, oravam diante do Muro. Aves negras: contando a história de sua depressão, o escritor William Styron fala do terror que se apossou dele quando, ao caminhar pelo campo, avistou um bando de corvos a crocitar sobre sua cabeça. Terror foi o que se apossou de mim; mas então os raios do sol que se punha iluminaram as casas de pedra e — dourada Jerusalém! — uma grande paz desceu sobre mim. Confortado, pude aproximar-me do Muro, agora com a curiosidade de um turista qualquer. Toquei as pedras, que tantos dedos antes de mim haviam tocado, ora com unção, ora com alegria, ora com desespero; e mirei os bilhetes que os crentes, de acordo com uma antiga tradição, introduzem entre elas. São mensagens (agora enviadas até de longe, por fax; há quem as receba e as coloque no lugar devido) que traduzem anseios, preocupações, aflições até. Oh, Deus, faz com que não seja câncer; oh, Deus, ajuda o meu filho a tornar-se um bom médico; oh, Deus, dá paz a nossa gente — é isto? São estes os pedidos que as pessoas formulam? Não sei, estou apenas cumprindo meu dever de ficcionista: imaginando.

Mas em Jerusalém a imaginação curva-se perante a História. Aqui Cristo andou. Aqui um soldado romano traçou na parede uma curiosa inscrição. Aqui orou Saladino. No bairro religioso de Mea Shearim somos projetados de volta à Idade Média; ali os ortodoxos ainda usam os trajes tradicionais e lançam olhares hostis para as mulheres que usam vestidos indecentes. No Museu do Livro, olhando os manuscritos do Mar Morto, sentimos a invisível presença dos essênios e de sua pulsão apocalíptica.

Há uma Jerusalém judaica. Há uma Jerusalém árabe, e ela não é só representada pela mesquita de Ornar (que apesar do nome não foi construída pelo califa) e pela mesquita de El Aksa; o quarteirão árabe lembra um típico mercado oriental, com sua colorida movimentação. E há uma Jerusalém cristã. A Via Dolorosa. A igreja do Santo Sepulcro. A abadia da Dormição.

Jerusalém é uma encruzilhada histórica. É uma encruzilhada de emoções.

Parte A: Desencadeando a fala antes da leitura

13. Há alguma cidade que o/a marcou profundamente?
14. No seu próprio país há algum local que você gostaria de levar os amigos de fora do país para conhecer? Qual seria lugar e por quê?

Parte B: Desencadeando a fala após a leitura

15. Faça, oralmente, um resumo do verbete/crônica "J de Jerusalém" do "Dicionário".
16. Qual é a cidade mais bonita que você já visitou? Por que você a achou bonita?
17. Qual é a cidade mais feia que você já visitou? Por que você a achou feia?
18. Discuta por que Jerusalém é uma *encruzilhada de emoções*. Você já esteve lá?
19. O que você imagina que as pessoas possam escrever nas mensagens que colocam no Muro das Lamentações?
20. Você sonha em voltar ao lugar de suas origens? Quais são suas origens?

Parte C: A estilística e a gramática com estilo

21. Dê um antônimo e um sinônimo da palavra "anseio". Escreva uma frase original.
22. O que significa a palavra "luto". O que as pessoas costumam dizer às famílias enlutadas?

Figuras de linguagem

Neste capítulo vamos estudar três figuras de linguagem: a pergunta retórica, a ironia e o hipérbato.

a. ironia é um recurso por meio do qual se diz o contrário do que se quer dar a entender.
b. pergunta retórica é uma interrogação que não tem o objetivo de obter uma informação ou uma resposta. Este recurso estilístico é usado para criar interesse nos espectadores, ouvintes ou leitores e enfatizar uma conclusão já sabida de antemão.
c. hipérbato é a transposição ou inversão da ordem natural das palavras de uma oração.

Prática

23. Escreva os nomes das figuras de linguagem expressas nas seguintes passagens.
    - "Todo judeu? Bem, não sei".
    - "O nome da *charcuterie* não recordo, mas a praça, sem dúvida, continua lá e pode ser citada como um grande luar para jantar".
    - "Sonhava eu, por exemplo, em voltar a Jerusalém"?
24. Agora é sua vez! Construa uma oração usando uma das figuras de linguagem que acabamos de aprender.
25. Escreva sua letra "J" para incluir em seu *Dicionário do viajante insólito*.

Portuguese-English Vocabulary List

Substantivos

Coroamento *m*	crowning
Dica *m*	tip, helpful advice, hint
Recanto *m*	retreat, nook, corner, cubbyhole
Umbigo *m*	belly button
Vendilhão(ona) *m/f*	peddlers, hawkers

Adjetivos

Apressado(a) *m/f*	in a hurry
Caderneta *f*	bank-book, notebook
Distante *m/f*	distant
Esfomeado(a) *m/f*	incredibly hungry
Indelével *m/f*	indelible
Sangrento(a) *m/f*	bloody

Verbos

Apregoar	to proclaim, to make known
Ecoar	to echo; to reverberate
Pregar	to nail; to preach, to sermonize

K de Kafka

Há cidades que se traduzem num palácio, num museu, num parque, num rio. Praga traduz-se num nome.

Franz Kafka.

As histórias que Kafka escreveu não têm Praga como cenário, mas só poderiam ter sido concebidas lá. Não na Praga física, obviamente; mas na cidade imaginária que, como o mapa de Borges, superpõe-se perfeitamente ao lugar real, mas dele se dissocia implacavelmente.

Essa dissociação permeia toda a obra do escritor. Diz Günther Anders, em Kafka: pró e contra: "Como falava alemão, não se identificava totalmente com os tchecos. Mas, sendo judeu, também não se identificava com os alemães da Boêmia. Funcionário de uma companhia de seguros, não podia ser considerado um burguês. Filho de burguês, não pertencia ao proletariado. Não se sentia integrado à companhia, porque era escritor. Escritor, porém, não se sentia... E, a respeito da família, dizia que vivia nela mais deslocado que um estranho".

Kafka morou em várias residências em Praga. A de seus pais era grande e confortável. Mais interessante, porém — e agora uma atração turística — é a casa que a protetora irmã, Ottla, para ele alugou em 1916.

Casas de escritores e de gente famosa há muitas, e famosas. A de Goethe, em Frankfurt, por exemplo, ascética mas ampla. Ou a de Trotsky, na Cidade do México, uma verdadeira fortaleza (que, no entanto, não impediu a entrada do homem que o assassinou). Ou a de Louis Pasteur, em Paris. Mas a de Kafka é notável. Fica no número 22 da Alchimistengasse, a Rua dos Alquimistas. O nome da rua é significativo; a casa, mais significativa ainda. Foi construída junto mesmo às muralhas da velha cidade; porém, para não impedir a passagem na estreita ruela medieval, tem largura reduzidíssima, uma "cela monástica", na expressão de seu amigo Max Brod. Nesse quieto lugar, Kafka escreveu muitas de suas histórias.

Não muito distante está o bairro judeu da cidade: o cemitério onde se vê o túmulo do escritor e a velha sinagoga em cuja entrada, diz a lenda, está enterrado o Golem, um gigantesco andróide criado pelo cabalista rabi Judah Loew para defender os judeus de seus inimigos. No inconsciente da cidade, como das pessoas, há muitas, e estranhas, fantasias.

Estivemos em Praga logo depois da fracassada tentativa de abertura do governo Dubcek, conhecida como a Primavera de Praga. Quando lá cheguei, os tanques soviéticos já haviam imposto de novo a ordem estalinista. O clima era fúnebre, as pessoas não falavam e não riam. Depois de três dias, resolvemos partir.

No aeroporto, um soldado revistou cuidadosamente minha mala. Um livro pareceu interessá-lo; e ele folheou-o demoradamente; era um exemplar do Dom Quixote. Finalmente, nos liberou, e eu parti com esta dúvida: teria ele gostado tanto da história de Cervantes? Ou estaria atrás da literatura subversiva, de um *samizdat* que eu poderia estar levando como contrabando?

Nunca esclareci essa questão. Da qual Kafka, estou certo, gostaria muito.

Parte A: Desencadeando a fala antes da leitura

1. Você já leu algum texto de Kafka?
2. Há cidades que nos lembram de pessoas famosas. Na sua opinião, há alguma outra cidade que se traduza no nome de uma pessoa?

Parte B: Desencadeando a fala após a leitura

3. Faça, oralmente, um resumo do verbete/crônica "K" do "Dicionário".
4. Você concorda com os comentários de Günther Anders a respeito de Kafka? Comente.
5. Você já ficou impressionado com alguma casa de pessoa famosa que visitou durante uma viagem?
6. Você sente que pertence ao seu país ou você se sente um ser deslocado?
7. Por que muitas pessoas se sentem deslocadas dos ou em seus países de origem?

Parte C: A estilística e a gramática com estilo

8. Dê o nome de um país e/ou cidade que começa(m) com a letra "K". Como se chamam os habitantes deste lugar? Agora, escreva algo que você saiba sobre esse lugar e/ou os seus cidadãos.
9. O que significa "permear"? Dê um sinônimo e escreva uma frase original.
10. Você conhece algo "gigantesco?" Dê um exemplo. Você conhece algo que seja o antônimo de "gigantesco?" Dê um exemplo.
11. Dê um antônimo da palavra "fracasso". Exemplifique o que é para você alguém que é o contrário de um "fracasso" e escreva uma frase empregando essa palavra.
12. Em quais países viviam Goethe, Trotsky, e Louis Pasteur? Escreva uma frase e não se esqueça de utilizar as preposições adequadamente.

    Ex: Goethe vivia (prep +artigo) nome do país.
13. Substitua *soldado* por *soldados* no seguinte parágrafo e faça as mudanças necessárias.

    (p. 82) "No aeroporto, *soldados... contrabando"?*
14. Coloque o seguinte parágrafo no pretérito perfeito e imperfeito conforme necessário.

    (p. 82) "Não muito distante... fantasias".
15. Dê o plural das seguintes palavras:

    burguês, escritor, alemão, ordem

Revisão: por vs. para

POR	PARA
1. Indica meios de deslocamento É preciso passar por ruas estreitas para chegar à casa de Kafka.	1. Indica destino, direção Vou para Praga porque quero conhecer o lugar onde Kafka viveu.
2. Indica duração de tempo Um soldado folheou meu livro por quase vinte minutos.	2. Indica a necessidade de se fazer algo até um certo prazo Tenho de terminar a leitura de "O Processo" para amanhã.
3. Indica que se faz algo no lugar de, em troca de Kafka não escrevia por dinheiro.	3. Indica algo destinado a alguém Ottla alugou uma pequena casa para o irmão.
4. Indica o agente de uma ação Praga foi invadida por tanques soviéticos.	4. Indica propósito Vou a Praga para conhecer o lugar onde Kafka viveu.
5. Indica freqüência Vou a Praga uma vez por ano. 6. Indica algo não terminado Cheguei a Praga ontem. Ainda há muito por fazer.	5. Indica perspectiva, opinião Para mim, Kafka é um dos maiores escritores de todos os tempos.

Atenção

Por freqüentemente contrai-se com artigos definidos (**o, a, os, as**) formando **pelo, pela, pelos, pelas**.

Quero andar pelas ruas estreitas onde Kafka viveu.

Praga foi invadida pelos soviéticos.

O soldado se apaixonou pela obra de Cervantes.

Meu coração bateu forte quando passei pela casa de Kafka.

Prática

16. Complete com **por**, **para**, **pelo, pela, pelos, pelas**.

    Janaína comprou sua nova casa ____________ uma fortuna. Ela pensou que seria um bom investimento ____________ toda a família. Ela queria ter uma grande biblioteca ____________ pôr todos os seus inúmeros livros. Sonhava com uma estante ____________ os livros de Kafka. No entanto, Janaína foi apressada demais e não pensou como obteria dinheiro ____________ pagar os juros do empréstimo que fez. Esse "detalhe" nem passou ____________ cabeça da bem-intencionada jovem mãe. Decidiu ir ao banco ____________ marcar uma entrevista com o gerente. Queria renegociar sua dívida. Teve que esperar ____________ gerente ____________ muito tempo. Quando o jovem senhor finalmente chegou, Janaína estava exausta e apressadamente disse que não ficaria com aquela dívida ____________ nada nesse mundo. Comunicou ao espantado senhor que a casa seria posta à venda.

Figuras de linguagem

Neste capítulo vamos estudar três figuras de linguagem: a sinédoque, a elipse e a metagoge.

a. sinédoque: substituição de um termo por outro, em que os sentidos destes termos têm uma relação de extensão desigual (ampliação ou redução).

b. elipse: supressão de um termo que pode ser facilmente subentendido pelo contexto lingüístico ou pela situação.

c. metagoge: atribuição de características peculiares dos seres humanos aos animais e às coisas inanimadas.

Prática

17. Escreva os nomes das figuras de linguagem expressas nas seguintes passagens.
    - "No inconsciente da cidade, como das pessoas, há muitas, e estranhas fantasias"
    - "Quando lá cheguei, os tanques soviéticos já haviam imposto de novo a ordem estalinista."
    - "A de seus pais era grande e confortável."

18. Agora é sua vez! Construa uma oração usando uma das figuras de linguagem que acabamos de aprender.

19. Escreva sua letra "K" para incluir em seu *Dicionário do viajante insólito.*

Portuguese-English Vocabulary List

Substantivos

Bairro *m*	an area within a city
Cenário *m*	scenery
Contrabando *m*	contraband
Escritor(a) *m/f*	writer
Fortaleza f	fortress
Lenda *f*	tale
Muralha *f*	wall
Túmulo *m*	tomb

Adjetivos

Amplo(a)*m/f*	ample, wide; extensive, spacious
Ascético(a)*m/f*	ascetic, self-denying, contemplative
Estreito(a)*m/f*	narrow
Fúnebre(a)*m/f*	funereal; dismal, macabre
Implacável (a)*m/f*	implacable; irreconcilable; relentless
Reduzido (a)*m/f*	reduced

Verbos

Alugar	to rent
Assassinar	to kill, assassinate
Permear	to permeate, penetrate; to transverse; to interpose, to place between
Revistar	to review, to examine

L de Livrarias

Há os que gostam de lojas, há os que gostam de *delicatessen,* há os que gostam de livros.

Visitar livrarias, na Europa e nos Estados Unidos, mas também em Buenos Aires, envolve êxtase e terror. O êxtase resulta da quantidade de livros. O terror resulta da quantidade de livros.

Paradoxo? Não. Livrarias, ao contrário de museus, não são estabelecimentos em que só se vai para olhar. Em livrarias se compra. E no livro aliam-se o peso metafórico da cultura e o peso real de um objeto. Um livro pesa. Dois livros pesam mais. Três livros, mais ainda. Uma mala cheia de livros é intransportável.

E, para alguns, objeto arcaico. Quem precisa de livros, nesta época de CD-ROM? E mesmo que alguns poucos livros sejam necessários, por que não mandá-los pelo correio? O verdadeiro bibliófilo responderá a essa pergunta com um sorriso de amarga, porém desafiadora, melancolia. Ele quer livros, não telas de monitores; e ele quer carregar os seus próprios livros, porque não admite separar-se deles. Então vai às livrarias, compra e leva.

Que tipo de livrarias? Há muitas formas de classificá-las. As grandes e as pequenas, as sofisticadas e as populares, as isoladas e as que são parte de cadeias, isso sem falar nos livreiros de rua, dos quais os *bouquinistes* de Paris são um exemplo clássico. Uma classificação interessante é a do *Livro Guiness de Recordes,* que usa a milhagem. Milhagem das prateleiras, isto é. Assim, a Foyles, de Londres, tem 30 milhas de prateleiras (uma milha = 1 .609 metros). A Barnes & Nobles, na Quinta Avenida com a Rua 18, em Nova Iorque, é menor: 12,87 milhas.

Para um automóvel, estas cifras são brincadeira. Mas um bibliófilo anda muito devagar (e o custo do quilômetro rodado — do quilômetro, não, do metro — é imenso). Podemos calcular cerca de 60 livros por metro. Vamos dizer que, destes, só uns seis sejam interessantes, e que sejam gastos 10 minutos em folhear cada um deles — estimativas modestas. Teremos assim uma hora por metro. Para os mais de 48.000 metros da Foyles...

Mas a Foyles e a Barnes & Noble são lugares agradáveis. O verdadeiro pavor existencial a gente experimenta na Strand, no Village. São oito milhas de prateleiras, o que não chega, como se viu, a constituir recorde — mas o lugar! Deus, o lugar! É um antigo e cavernoso estabelecimento que trabalha sobretudo com livros usados. Os preços são muito razoáveis, e as preciosidades espreitam de todos os cantos, mas entrar ali equivale ao suplício de Tântalo.

(Tântalo: filho de Zeus, ele cometeu vários crimes — por exemplo, roubou o cachorro predileto do próprio pai. Por causa disso, foi castigado. Ficava o tempo todo mergulhado em água, com ramos de frutos sobre a cabeça. Cada vez que tentava abocanhá-los, os malvados escapavam. Essa referência está no *Dictionary of Classical, Biblical & Literary Allusions* que eu comprei — adivinhem — na Strand.)

Ao entrar na Strand, deve-se, como dizia a inscrição na porta do inferno de Dante, deixar fora qualquer esperança (ah, sim, e também bolsas e sacolas: os ladrões de livros são uma espécie conhecida, e temida, em qualquer livraria). Não se pode contar com qualquer recomendação ou indicação, que aliás seria impossível; os rapazes que ali atendem — e é uma fauna interessante, com representantes das várias tribos que circulam no Village -fazem o trabalho braçal de transportar livros e cobram no caixa. Da primeira vez que fui à livraria, tinha uma lista, modesta, de obras que pretendia levar. Dirigi-me a um dos jovens e li o primeiro título. Olhou-me, espantado:

— O que é isso?

— É um livro — respondi. — Eu queria este livro.

Arregalou os olhos e começou a rir. Ria sem parar, cutucava os colegas, apontando-me: ele quer um livro! Imaginem só, ele quer um livro!

Só depois me dei conta de que localizar um específico livro ali era uma missão impossível. As prateleiras vão até o teto, altíssimo; para enxergar os títulos das obras lá em cima, só de binóculo. E essa é apenas uma das dificuldades. Bem-humorado, o rapaz explicou que aquela era uma livraria para descobrir coisas; eu não acharia os livros que queria, mas outros livros me achariam. E seria bom eu levar um cesto, como esses de supermercado.

Não deu outra. Já na primeira seção, literatura, eu estava com o cesto cheio. E me dei conta: a Strand era exatamente como aquela outra caverna, a de Aladim, cheia de preciosidades.

Tenho voltado à Strand. Sempre apreensivo. Assim como estou cônscio de minha finitude, de minha fraqueza mortal, conheço a força dos livros, especialmente quando estão entrincheirados em oito milhas de prateleiras. Um dia eles me derrotarão.

Esses tempos vi um filme de terror. O assassino perseguia sua vítima numa livraria. Qual? A Strand, claro. Entendi perfeitamente a escolha desse cenário.

Parte A: Desencadeando a fala antes da leitura

1. Sempre que viajamos há um tipo de lugar que jamais deixamos de ir. Algumas pessoas jamais deixam de visitar museus e outras monumentos. E você? Qual é o lugar que você jamais deixa de visitar?
2. É verdade que os livros nos acham? Você já foi achado por algum livro?

Parte B: Desencadeando a fala após a leitura

3. Faça, oralmente, um resumo do verbete/crônica "L" do "Dicionário".
4. Alguma livraria já o/a impressionou?
5. Que tipo de livraria você prefere?
6. Onde, como e quando você costuma comprar seus livros?
7. Você tira muitos livros da biblioteca?
8. Você costuma emprestar e/ou tomar emprestado livros de amigos?
9. Há algum lugar em que você fique "cônscio da sua finitude?" (p. 89)

Parte C: A estilística e a gramática com estilo

10. Dê o nome de três países que começam com a letra "L". Como se chamam os habitantes desses países? Agora, escreva algo que você saiba sobre um desses países e/ou os seus cidadãos.
11. Escreva uma frase que seja um *paradoxo.*
12. Dê um sinônimo e um antônimo para *arcaico.* Escreva uma frase original.
13. Dê um sinônimo para a palavra *espreitar.* Escreva uma frase original.
    olhar em algo/alguém sem ele saber
14. Complete:

    Uma pessoa que *teme* alguma coisa é uma pessoa que tem ___________

15. O que você teme?
16. Dê o plural das seguintes palavras:

    classificação, pavor, missão, mortal

Revisão: números cardinais

Números de 0-99					
0	zero	11	onze	20	vinte
1	um, uma	12	doze	21	vinte e um/vinte uma
2	dois, duas	13	treze	30	trinta
3	três	14	quatorze/catorze	40	quarenta
4	quatro	15	quinze	50	cinqüenta
5	cinco	16	dezesseis	60	sessenta
6	seis	17	dezessete	70	setenta
7	sete	18	dezoito	80	oitenta
8	oito	19	dezenove	90	noventa
9	nove				
10	dez				

Observações importantes

Os números "um" e "dois", assim como os terminados em "um" ou "dois", têm uma forma no feminino e outra no masculino.

1 livro = um livro	2 livros = dois livros
1 livraria = uma livraria	2 estantes = duas estantes
21 livreiros = vinte e um livreiros	22 lojas = vinte e duas lojas
61 bibliófilos = sessenta e um bibliófilos	62 prateleiras = sessenta e duas prateleiras

Números de 16 a 20 são escritos em uma palavra

18 dezoito 19 dezenove

A partir de 21, os números são escritos em três palavras:

23 vinte e três 45 quarenta e cinco

Prática

7. Seu professor vai ler um dos números de cada linha. Sublinhe-o

a.	8	4	3	5
b	19	38	76	95
c.	12	9	16	6
d.	83	62	72	49
e.	37	50	17	15
f.	40	14	91	56

Números acima de 100			
100	Cem	1.000	Mil
101	Cento e um	1.100	Mil e cem
120	Cento e vinte	1.124	Mil cento e vinte e quatro
200	Duzentos / as	2.000	Dois mil
300	Trezentos / as	2.340	Dois mil trezentos e quarenta
400	Quatrocentos / as	10.000	Dez mil
500	Quinhentos / as	100.000	Cem mil
600	Seiscentos / as	270.000	Duzentos e setenta mil
700	Setecentos / as	1.000.000	Um milhão (de)
800	Oitocentos / as	2.000.000	Dois milhões (de)
900	Novecentos / as	4.220.000	Quatro milhões, duzentos e vinte mil

Observações importantes

"Cem" é usado apenas para exprimir o número 100. Se houver qualquer outro número em seguida, devemos usar "cento..."

100 – cem
101 – cento e um
197 – cento e noventa e sete

Em português usamos pontos onde se empregam vírgulas em inglês e vice-versa.

Nunca escrevemos *um mil. Outra peculiaridade deste número é que não tem plural:

1.000 mil
2.000 dois mil
3.000 três mil

O uso de "milhão" é exatamente o oposto. É precedido de um número e pode ser usado no plural:

um milhão
dois milhões

Prática

8. Escreva os números que estão na crônica por extenso.

    30 milhas, 1609 metros, 12.87 milhas, 60 livros, 48.000 metros

Revisão: presente do subjuntivo

Exemplo: Vamos dizer que, destes, só uns seis sejam interessantes.

Em inglês o subjuntivo também é usado, no entanto bem menos do que em português: "I prefer that she/he buy (*buys) books than clothes"; "If I were rich, I would buy a bookstore"; "Her father insists that she/he go (*goes) to Strand"; "It is necessary that she/he read (*reads) more."

Use o subjuntivo depois de verbos que exprimem dúvida, desejo, emoções e verbos no imperativo.

Há um recurso mnemônico muito útil para nos lembrar quando devemos usar o subjuntivo: WEIRDO. O "w" **w**ishing representa os verbos que exprimem desejo, vontade, etc. O "e" **e**motion representa os verbos que evocam emoção, sentimento, etc. O "i" **i**mpersonal representa as construções impessoais como, por exemplo, *é possível que*, *é provável que*, etc. O "r" **r**equest lembra-nos dos verbos como *querer* e *exigir*. O "d" **d**oubt remete obviamente a verbos como *duvidar*. O "o" **o**xalá evoca expressões tais como *talvez*, *tomara que*, etc. Lembre-se que no Brasil *oxalá* é menos usado do que, por exemplo, *tomara que* ou *quem me dera*.

Formas regulares:

Nos verbos da primeira conjugação (-ar), muda-se o **A** para **E**; nos verbos da segunda e terceira conjugações (-er e –ir), muda-se o **E** e o **I** para **A**.

Exemplos: falar (que eu fale); comer (que eu coma); partir (que eu parta)

Formas irregulares:

SER	ESTAR
Que eu seja Que tu sejas Que você/ele, ela seja Que nós sejamos Que vocês/eles, elas sejam	Que eu esteja Que tu estejas Que você/ele, ela esteja Que nós estejamos Que vocês/eles, elas estejam
IR	**DAR**
Que eu vá Que tu vás Que você/ele, ela vá Que nós vamos Que vocês/eles, elas vão	Que eu dê Que tu dês Que você/ele, ela dê Que nós demos Que vocês/eles, elas dêem

SABER	HAVER	QUERER
Que eu saiba	Que eu haja	Que eu queira
Que tu saibas	Que tu hajas	Que tu queiras
Que você/ele, ela saiba	Que você/ele, ela haja	Que você/ele, ela queira
Que nós saibamos	Que nós hajamos	Que nós queiramos
Que vocês/eles, elas saibam	Que vocês/eles, elas hajam	Que vocês/eles, elas queiram

Prática

9. Complete com o verbo no subjuntivo.

É possível que eu ____________ (ir) a Strand hoje. Talvez Maria ____________ (poder) vir comigo. É provável que em nossa família ela ____________ (ter) o melhor sentido para achar bons livros. Eu espero que ela ____________ (querer) realmente vir comigo. Ultimamente, ela só pensa em televisão. Tomara que ____________ (ser) uma fase passageira. Eu sempre exijo que ela ____________ (tirar) boas notas na escola. Isto continua acontecendo, mas é preciso que ela ____________ (ler) mais. Eu quero que ela ____________ (fazer) uma boa universidade e que ____________ (saber) escolher seu próprio caminho. Sei que isso parece contraditório: obrigar alguém a ser livre? Sim, sim. Em nossa sociedade devemos educar as novas gerações para que ____________ (ter) espírito crítico e não ____________ (acreditar) em qualquer porcaria veiculada pela mídia barata.

Figuras de linguagem

Neste capítulo vamos estudar três figuras de linguagem: a metagoge, o zoomorfismo e a hipérbole.

a. zoomorfismo: atribuir características animais a seres humanos.
b. hipérbole: ênfase exagerada.
c. metagoge: atribuição de características peculiares dos seres humanos aos animais e às coisas inanimadas.

Prática

10. Escreva os nomes das figuras de linguagem expressas nas seguintes passagens.
    - "os rapazes que ali trabalham – e é uma fauna interessante [...]
    - "O verdadeiro pavor existencial a gente experimenta na Strand, no Village."
    - "[...] as preciosidades espreitam de todos os cantos."
11. Agora é sua vez! Construa uma oração usando uma das figuras de linguagem que acabamos de aprender.
12. Escreva sua letra "L" para incluir em seu *Dicionário do viajante insólito.*

Portuguese-English Vocabulary List

Substantivos

Bibliófilo *m/f*	bibliophile, booklover, book collector
Caixa *f*	box
Caverna *f*	cave
Livreiro *m/f*	bookseller
Melancolia *f*	melancholy
Prateleira *f*	shelf
Tela de monitor *f*	monitor screen

Adjetivos

Amargo(a)*m/f*	sour
Cavernoso(a)*m/f*	cavernous
Desafiador(a)*m/f*	defiant; challenging
Predileto(a)*m/f*	favorite
Temido(a)*m/f*	feared

Verbos

Carregar	to carry
Castigar	to scold, to castigate
Cobrar	to charge
Espreitar	to peep, pry, observe attentively; to spy

M de Museus

Qualquer roteiro turístico, em qualquer cidade, incluirá forçosamente um museu. E há boas razões para isso: afinal, os museus são os depositários da ciência e da cultura, são a porta de entrada para os valores das civilizações, etc. Tudo certo, ainda que muitas vezes as civilizações não tenham sido consultadas a respeito da remoção de seus valores: as frisas do Partenon foram levadas para a Inglaterra numa época em quc as potências

imperiais mandavam no mundo. Hoje as coisas são diferentes; a última coisa que os governos querem é ser acusados de permitir a entrada ilegal de objetos de arte. Um senhor que conheço comprou em Lima, por alguns centavos, uma reprodução artesanal da estatueta de um deus qualquer. Jamais imaginava o que iria lhe acontecer quando, prosseguindo a viagem, chegou a Los Angeles; inspecionando-lhe a bagagem, o pessoai da alfândega deu com a estatueta — e pronto, estava criada a confusão. O inspetor disse que não permitiria a entrada do objeto nos Estados Unidos. Razão: podia ser arte pré-colombiana contrabandeada. O turista contou que a tinha comprado na rua, por uma quantia insignificante, mas os zelosos funcionários não se abalaram: na ausência de um documento que comprovasse não se tratar a peça de arte pré-colombiana, não a deixariam passar.

Outro talvez desistisse nesse ponto, mas para o nosso viajante a disputa tinha se tornado questão de honra. Exigiu a presença do responsável pela aduana. O homem veio, olhou a estatueta e concordou com seus colaboradores: aquilo podia ser arte pré-colombiana. A discussão ficou acalorada, e o superintendente resolveu telefonar para a universidade, pedindo a presença de uma perita em antiguidades. Uma hora depois apareceu a senhora, trazendo lentes e manuais. Examinou cuidadosamente o objeto e deu seu veredito: podia ou não ser arte pré-colombiana. A estatueta foi apreendida e o homem, ainda que furioso, teve de se conformar com um recibo, e a promessa de que receberia o objeto de volta, caso não se confirmasse a suspeita. De fato, meses depois, já de volta ao Brasil, o correio entregou-lhe uma caixa: era a estatueta, acompanhada de uma carta do chefe da alfândega informando que — graças aos céus! — não era arte pré-colombiana. O homem ficou muito satisfeito, mas, ao tirar a estatueta da caixa, ela caiu ao chão e, como qualquer peça de cerâmica, pré-colombiana ou não, quebrou-se. Com o que a história finalmente terminou.

Mas as verdadeiras estatuetas pré-colombianas estão em museus, como o notável Museu de Antropologia da Cidade do México. Esse é um museu especializado; há outros, de ciência, de cinema. E há os museus gerais. Mas essa classificação só serve para ocultar o fato de que na realidade os museus só se dividem em duas categorias: os amistosos e os inamistosos.

Os inamistosos são grandes. Como as superpotências, esmagam-nos pelo seu tamanho: o Museu Britânico tem um milhão de peças no acervo. Quanto tempo dá para dedicar a cada uma delas? Um minuto, um segundo, um décimo de segundo? A gente não visita esses museus; a gente os ataca. É um ataque desesperado, que pode se revelar suicida, a menos que uma cuidadosa estratégia seja elaborada antes. O território inimigo tem de ser estudado; essa tarefa é facilitada pelo fato de que tais museus em geral têm um catálogo com a descrição das obras e plantas baixas dos seus diversos pavimentos. O problema é que ler este catálogo toma todo o tempo destinado à viagem em geral.

Sem chegar ao extremo daquele americano que estacionava em frente ao Louvre, entrava correndo e perguntava ao porteiro, rápido, onde é a Mona Lisa, estou em fila dupla, pode-se recorrer a algumas táticas. Por exemplo: olhar só a exibição especial. Por exemplo: aderir a uma visita guiada. Por exemplo: fazer um *break* na cafeteria. As cafeterias de museus são excelentes lugares para se comer, sobretudo aquelas frequentadas por velhinhas elegantes e decoradas com reproduções de quadros.

Mas o melhor mesmo são os museus amáveis. O Prado, em Madrid. O MASP, em São Paulo. O Museum of Modern Art em Nova York. O acervo pode até ser grande, mas não é esmagador. Ninguém sai dali exausto, odiando Picasso ou Rembrandt. Como não se sai exausto de pequenos museus, que, sem reunir o que há de melhor na arte (e até recorrendo ao *kitsch),* encantam pelo inusitado, como é o caso do Museu da Música

Mecânica, em Paris: evoca uma época em que o fascínio pela máquina (e pela geringonça) chegou à arte. A época do piano mecânico.

Antes de sair de qualquer museu é preciso passar pela livraria. Ali vamos comprar postais e livros com reproduções. Mais tarde, em nossas casas, folheando esses livros, vamos descobrir a beleza dos quadros e das esculturas que a ansiedade da visita nos impediu de olhar. Como dizia aquela avó coruja cuja vizinha elogiava a beleza da netinha que ela levava para passear: isso não é nada, você ainda não viu a foto.

Parte A: Desencadeando a fala antes da leitura

1. Quais são os seus museus favoritos? O que, na sua opinião, um museu precisa ter para ser um bom museu?
2. Como os museus podem ser? Em outras palavras, há museus mais fáceis e mais difíceis de navegar. Na sua opinião, o que torna os museus fáceis ou difíceis? Você tem algum exemplo concreto?

Parte B: Desencadeando a fala após a leitura

3. Faça, oralmente, um resumo do verbete/crônica "M" do Dicionário.
4. Qual foi o problema do senhor que comprou um objeto em Lima? Você já foi parado na alfândega e teve algum problema?
5. Você sempre inclui museus em suas viagens?
6. Como você interage com um museu? Em outras palavras, você tenta ver tudo que está no museu ou você se concentra em uma área?
7. O que podemos comprar em livrarias de museus?

Parte C: A estilística e a gramática com estilo

8. Dê o nome de três países que começam com a letra "M". Como se chamam os habitantes desses países? Agora, escreva algo que você saiba sobre um desses países e/ou os seus cidadãos.
9. Crie uma lista comparando dois museus que você já visitou. Por exemplo:

   O Louvre é maior do que o MASP.

10. O seu/sua melhor amigo/a está indo a seu museu favorito (indique o museu). Dê conselhos:

    Eu espero que você...

Revisão: voz passiva vs. ativa

A. Voz ativa

O verbo de uma oração está na voz ativa quando a ação é praticada pelo sujeito, ou seja, o sujeito é o agente da ação verbal.

Exemplo: O inspetor da alfândega encontrou a estatueta. O inspetor da alfândega telefonou para a perita da universidade. (O inspetor da alfândega é o agente da ação verbal)

B. Voz passiva

O verbo de uma oração está na voz passiva quando a ação é sofrida pelo sujeito, que não é o mesmo que pratica a ação verbal.

Exemplo: A estatueta foi encontrada pelo inspetor da alfândega. (A estatueta é o sujeito paciente porque recebeu a ação praticada pelo agente da ação verbal que, no caso, é o inspetor da alfândega)

Usamos a voz passiva quando queremos enfatizar que a ação realizada é mais relevante do que quem a realizou.

Se a pessoa que realizou a ação também é importante, ela aparece como *agente da passiva*, antecedido da preposição *por* (pelo, pelos, pela, pelas). "A estatueta foi examinada por uma perita muito famosa."

Forma:

Verbo "ser" indicando o tempo da frase + particípio passado do verbo principal.

A estatueta foi paga pelo turista. A estatueta já tinha sido paga quando descobriram que era falsa.

Atenção: lembrem-se que há verbos com mais de um particípio passado.

Prática

11. Construa frases na voz passiva usando os elementos de cada grupo de palavras. Não se esqueça de conjugar o verbo e fazer as concordâncias:

a. ser feito / a visita guiada/ muito bem
b. ser /as/ contrabandear/ estatuetas/ pré-colombianas
c. os/ pelos/ turistas/ ficar encantar/ museus
d. convocada / a perita /ao aeroporto/ ser
e. da netinha /a foto/ tirada/ ser/ avós/ pelas
f. ser fazer /elegante/ na cafeteria/ museu/ do/ uma festa
g. o tempo/ pela /ser /leitura/ tomado/ catálogo
h turista/ pelo/ os cartões postais/ comprar/ ser
i. museu /o/ taxado de/ inamistoso/ ser

Figuras de linguagem

Neste capítulo vamos estudar três figuras de linguagem: a metonímia, a metagoge e a hipérbole.

a. metonímia: figura de linguagem que consiste no emprego de um termo por outro, dada a relação de semelhança ou a possibilidade de associação entre eles.
b. hipérbole: ênfase exagerada.
c. metagoge: atribuição de características peculiares dos seres humanos aos animais e às coisas inanimadas.

Prática

12. Escreva os nomes das figuras de linguagem expressas nas seguintes passagens.
    - "Os museus dividem-se em duas categorias: os amistosos e os inamistosos."
    - "ninguém sai dali exausto, odiando Picasso e Rembrandt ."
    - "É um ataque desesperado, que pode se revelar suicida [...]"
13. Agora é sua vez! Construa uma oração usando uma das figuras de linguagem que acabamos de aprender.
14. Escreva sua letra "M" para incluir em seu *Dicionário do viajante insólito.*

Portuguese-English Vocabulary List

Substantivos

Acervo *m* — collection
Aduana *f* — customs
Alfândega *f* — customs
Cerâmica *f* — ceramics
Chão *m* — floor
Tamanho *m* — size

Adjetivos

Acalorado(a)*m/f* — warm
Amistoso (a)*m/f* — friendly
Decorado(a)*m/f* — decorated
Inamistoso (a)*m/f* — unfriendly

Verbos

Cair — to fall
Desistir — to give up
Esmagar — to squash
Ocultar — to hide, to cover
Odiar — to hate
Quebrar — to break

N de Neve

Na última cena de *Bye, Bye, Brasil,* de repente começa a nevar, para espanto — e deslumbramento — de José Wilker e Betty Faria.

Brasileiro sonha com neve. É um sonho que faz milhares de paulistas, cariocas e nordestinos viajarem a Gramado, ou a Bariloche, ou à Europa, para ver a paisagem nevada.

E a neve é bonita, mesmo. Para quem a vê de vez em quando. Os moradores dos países frios queixam-se amargamente das nevascas, que transtornam a vida das pessoas, dificultando o tráfego, causando problemas nas comunicações. A neve tem de ser removida da frente das casas, das estradas e, por lei, até do teto dos automóveis: a neve que voa com o vento dificulta a visão do motorista que vem atrás.

Mas não é só a neve o problema do inverno. É a falta de sol também. Aqueles dias cinzentos, lúgubres; muito bom para quem gosta de ler e meditar — é por isso que há tanto filósofo em países frios —, mas uma causa de constante depressão. Por outro lado, o antropólogo Lionel Tiger atribui o surgimento de sociedades industriais em regiões frias à necessidade de responder à baixa temperatura com a acumulação de alimento e a produção de energia. Em suma: depressão e trabalho. Um binômio que nem sempre satisfaz as pessoas. Muitos americanos trocariam de olhos fechados o clima deles pelo nosso (se trocariam também o país é outra questão). É bom ficar aqui no sol. E ver neve só de vez em quando.

Parte A: Desencadeando a fala antes da leitura

1. O que é "Bye, Bye, Brasil"?
2. Quem são José Wilker e Betty Faria?

Parte B: Desencadeando a fala após a leitura

3. Faça, oralmente, um resumo do verbete/crônica "N" do "Dicionário".
4. Com o que sonhariam os norte-americanos?
5. Você acha que o frio afeta as pessoas? O calor faria o mesmo?
6. Quais são algumas das teorias que as pessoas têm em relação aos países onde faz frio? E em relação aos países onde faz calor? Você concorda com essas teorias?

Parte C: A estilística e a gramática com estilo

7. Dê o nome de três países que começam com a letra "N". Como se chamam os habitantes desses países? Agora, escreva algo que você saiba sobre um desses países e/ou os seus cidadãos.
8. Dê um sinônimo para cada uma das seguintes palavras:

   Transtornar
   Lúgubre

9. Dê um antônimo para cada uma das seguintes palavras:

   Depressão
   Surgimento

10. Quais são as quatro estações do ano? Que atividades podemos fazer em cada uma delas?
11. Se você trocasse o seu país, por qual seria?

Revisão: infinitivo pessoal

A língua portuguesa é das poucas línguas neolatinas que tem a peculiaridade de **poder** flexionar, ou seja, conjugar o infinitivo. Quando o fenômeno ocorre, o **infinitivo** passa a ser chamado de **infinitivo pessoal**.

Forma: Para formar o infinitivo pessoal basta acrescentar **–es** na segunda pessoa do singular (tu); **–mos** na segunda pessoa do plural (nós) e **–em** na terceira pessoa do plural (eles).

	ESQUIAR	REMOVER	PARTIR	TRAZER
eu	esquiar	remover	partir	trazer
tu	esquiares	removeres	partires	trazeres
você/ele, ela	esquiar	remover	partir	trazer
nós	esquiarmos	removermos	partirmos	trazermos
vocês/eles, elas	esquiarem	removerem	partirem	trazerem

Atenção! Nos verbos regulares, a conjugação do futuro do subjuntivo é idêntica à do infinitivo pessoal.

O infinitivo pessoal é necessariamente usado quando há risco de ambigüidade. Em um período composto, se o sujeito do verbo no infinitivo for diferente do sujeito do verbo da outra oração, o infinitivo será flexionado. Por exemplo, na frase: "Removi a neve para não cairem". Se o infinitivo não fosse flexionado, a sentença ficaria ambígua, pois poderíamos perfeitamente pensar que o sujeito de "remover" era o mesmo de "cair".

Em muitos casos, usamos o infinitivo pessoal no lugar do subjuntivo:

Subjuntivo	Infinitivo pessoal
É preciso que fechemos a janela.	É preciso fecharmos a janela.
Telefonei para meus pais antes que eles ficassem preocupados.	Telefonei para meus pais antes de eles ficarem preocupados.
É impossível que não aprendamos a esquiar.	É impossível não aprendermos a esquiar.

Prática

12. **O instrutor de esqui nos disse...** Anote o que o instrutor disse para vocês fazerem (ou não fazerem) no curso dele.

MODELO: roupas apropriadas
Ele disse para usarmos roupas apropriadas.

a. treinar bastante
b. pistas longe do hotel
c. óculos de sol
d. manual de segurança
e. gorro
f. chocolate quente
g. nevascas

Figuras de linguagem

Neste capítulo vamos estudar três figuras de linguagem: a sinestesia, a hipérbole e a paraprosdokian.

a. sinestesia: cruzamento de sensações; associação de palavras ou expressões em que ocorre combinação de sensações diferentes numa só impressão.
b. hipérbole: ênfase exagerada.
c. paraprosdokian: figura de linguagem em que a última parte de uma sentença ou frase é de tal modo surpreendente que faz com que o interlocutor refaça a primeira parte. É muitas vezes usada para provocar um efeito humorístico ou dramático, às vezes produzindo um anticlímax.

Prática

13. Escreva os nomes das figuras de linguagem expressas nas seguintes passagens.
    - "E a neve é bonita mesmo. Para quem a vê de vez em quando.."
    - "Os moradores dos países frios queixam-se amargamente das nevascas [...]."
    - "Em suma: depressão e trabalho."
14. Agora é sua vez! Construa uma oração usando uma das figuras de linguagem que acabamos de aprender.
15. Escreva sua letra "N" para incluir em seu *Dicionário do viajante insólito.*

Portuguese-English Vocabulary List

Substantivos

Deslumbramento *m*	dazzling; fascination, captivation
Espanto *m*	shock; surprise
Estrada *f*	highway
Nevasca *f*	snowstorm
Neve *f*	snow
Vento *m*	wind

Adjetivos

Baixo(a) *m/f*	short
Bonito(a) *m/f*	beautiful
Frio(a) *m/f*	cold

Verbos

Dificultar	to make difficult
Queixar-se	to complain
Transtornar	to overturn; to unsettle; to disturb, perturb
Trocar	to exchange
Voar	to fly

O de Oportunidade

Viagem é sinônimo de oportunidade: a oportunidade de fazer coisas que a gente habitualmente não faz.

Pedir esmolas, por exemplo. Quando é que um cidadão de classe média, bem vestido e bem alimentado, pediria esmola? Mas isso é uma coisa que pode ser feita no exterior, onde ninguém nos conhece. Tenho um amigo que dedica pelo menos uma manhã ou uma tarde de suas viagens a isto, a pedir esmola no metrô ou numa estação ferroviária. Em países subdesenvolvidos, onde os mendigos são freqüentemente pessoas apresentáveis e bem falantes, ele não chega a causar espanto.

Nunca tentei pedir esmola. Mas cheguei perto. Uma vez, embarcando no aeroporto de Nova Iorque de volta para o Brasil, resolvi comprar o *New York Times.* É uma coisa que não se deve fazer, aliás: comprar o jornal no dia de ir embora. Imediatamente se descobre que as melhores peças, os melhores shows, os melhores concertos, as melhores exposições, tudo, enfim, começa justamente no dia do nosso embarque.

Além desse problema, havia outro: eu quis pagar o jornal com um cheque de viagem, o homem da banca não aceitou. E o trocado que eu tinha não chegava. Faltavam dez centavos de dólar. Um *dime.* O que me deu uma idéia.

Na época da Depressão americana, 1929, o *dime* tornou-se um símbolo. Desempregados — que incluíam até antigos desempregados — vagavam pelas ruas, abordando transeuntes de aparência mais próspera, com uma desolada pergunta: *Can you spare a dime?* Disposto a repetir, de maneira mais bem-humorada, esse pedido, dirigi-me a um senhor que, pela idade, deveria lembrar 1929:

— *Can you spare a dime?*

O homem me olhou, surpreso. E não entendeu: pensando que eu falava em *time*, consultou o relógio, informou-me as horas. Meio decepcionado com sua constrangedora falta de conhecimento sobre o clima emocional da Depressão, repeti o pedido, dessa vez com um tom certamente irritado.

A reação do cidadão foi surpreendente. Imaginando sem dúvida que estava sendo assaltado, meteu a mão no bolso, entregou-me um punhado de moedas — e fugiu. Não pude sequer lhe dar o troco.

Há muitas outras coisas que podemos fazer num lugar em que ninguém nos conhece. Andar de montanha-russa, por exemplo, uma experiência que a mim, como a muitos adultos, sempre causou certo receio. Mas uma vez, na Disneylândia, resolvi experimentar. Eu estava sozinho, e se desse vexame não tinha importância.

Embarquei, pois, num vagonete em que já estavam três garotos, todos menores de dez anos, e partimos para a nossa odisséia espacial.

Confesso: gritei. Gritei como poucas vezes o fiz em minha vida. Era um pesadelo, aquilo, o vagonete subindo e descendo, sumindo nas entranhas de uma montanha artificial, emergindo de novo. Finalmente chegamos, e ali estava o pai dos garotos esperando os filhos. Perguntou-lhes que tal tinha sido o passeio. Muito bom, disse um dos meninos. E logo em seguida, apontando-me um dedo acusador:

— Mas esse homem grita demais.

Parte A: Desencadeando a fala antes da leitura

1. O que você faz em viagens que você normalmente não faz no seu país?
2. Você já pediu esmola alguma vez?

Parte B: Desencadeando a fala após a leitura

3. Faça, oralmente, um resumo do verbete/crônica "O" do "Dicionário".
4. O que aconteceu com o autor quando ele pediu esmola no aeroporto de Nova Iorque?
5. O que *oportunidade* significa nesta crônica?
6. Você conhece alguma palavra ou expressão que se tornou símbolo de uma época ou de um acontecimento? Dê um exemplo.

Parte C: A estilística e a gramática com estilo

7. Dê o nome de um país e/ou cidade que começa(m) com a letra "O". Como se chamam os habitantes deste lugar? Agora, escreva algo que você saiba sobre esse lugar e/ou os seus cidadãos.
8. Você tem receio de algo?
9. Dê um exemplo de algo "artificial". Agora dê um exemplo de algo que seja o antônimo de "artificial."
10. Dê um sinônimo para cada uma das seguintes palavras:

    embarcar
    receio
    abordar

11. Dê um antônimo para cada uma das seguintes palavras:

    próspero
    desolado
    meter
    artificial

12. Coloque os verbos do seguinte parágrafo no presente (quando apropriado):

    Confesso: gritei até o fim da crônica.

Revisão: superlativo

Os superlativos podem ser formados com adjetivos ou advérbios e indicam uma qualidade ou modalidade notavelmente superior ou inferior. Classificam-se basicamente em sintéticos, analíticos e relativos.

A. Superlativos sintéticos

Há duas formas de superlativo sintético. A mais usada delas é formada a partir do radical do adjetivo português + o sufixo **-íssimo**: pobríssimo, magríssimo, livríssimo. A menos usada é constituída pelo radical do adjetivo latino + um dos sufixos **-íssimo, -imo** ou **érrimo**: paupérrimo, macérrimo, libérrimo.

Curiosamente, nos advérbios terminados em **–mente** o sufixo **–íssimo** perde o acento gráfico e vem depois da forma superlativa feminina do adjetivo de que se deriva o advérbio:

		Superlativo
Adjetivo	rápido	rapidíssimo
Advérbio	rápida	rapidamente

B. Superlativos analíticos

O superlativo analítico é expresso através de advérbios indicadores de excesso, tais como **muito, extremamente, excepcionalmente**.

> Maria está **muito** envergonhada de ter que pedir esmolas, mas seus dólares acabaram. O avião está **extremamente** atrasado e ela está **excepcionalmente** faminta.

C. Superlativos relativos

Ocorre quando a qualidade de um ser/objeto é intensificada em relação a um conjunto de seres/objetos. Essa relação pode ser

> **de superioridade:** O narrador da crônica é **o mais** medroso dos passageiros do vagonete.
>
> **de inferioridade:** O narrador da crônica é **o menos** corajoso dos passageiros do vagonete.

Portanto, para formar os superlativos use um artigo definido + um substantivo + mais/menos + adjetivo.

Atenção: no Brasil, hoje em dia há uma preferência por superlativos analíticos que usem o advérbio "muito". Os jovens, principalmente, estão cada vez mais usando **super** para exprimir os superlativos.

Há vários superlativos irregulares em português:

Adjetivos	Superlativos relativos	Superlativos absolutos
Bom	o melhor	ótimo
Mau	o pior	péssimo
Grande	o maior, o máximo	muito grande, grandíssimo
Pequeno	o menor, o mínimo	muito pequeno, mínimo

Prática

13. Levante-se e procure alguém em sua turma que...

a. seja péssimo pianista ...
b. seja ótimo cozinheiro ... James
c. seja a pior cozinheira da família ...
d. terá o maior tempo livre durante o próximo fim de semana ...
e. seja a melhor cantora da família ...
f. tenha uma grandíssima vontade de ir ao Brasil ...
g. tenha um desejo muito grande de gritar na montanha-russa ...
h. não tenha o menor medo de andar na montanha-russa ...

i. seja péssimo em Matemática ...
j. tenha o máximo de cuidado quando viaja ...

Figuras de linguagem

Neste capítulo vamos estudar três figuras de linguagem: a hipérbole, a metagoge e a pergunta retórica.

a. pergunta retórica: interrogação que não tem o objetivo de obter uma informação ou uma resposta. Este recurso estilístico é usado para criar interesse nos espectadores, ouvintes ou leitores e enfatizar uma conclusão já sabida de antemão.
b. hipérbole: ênfase exagerada.
c. metagoge: atribuição de características peculiares dos seres humanos aos animais e às coisas inanimadas.

Prática

14. Escreva os nomes das figuras de linguagem expressas nas seguintes passagens.
    - "Partimos para nossa odisséia espacial"
    - "Sumindo nas entranhas de uma montanha artificial."
    - "Quando é que um cidadão de classe média, bem vestido e bem alimentado pediria esmola?"
15. Agora é sua vez! Construa uma oração usando uma das figuras de linguagem que acabamos de aprender.
16. Escreva sua letra "O" para incluir em seu *Dicionário do viajante insólito.*

Portuguese-English Vocabulary List

Substantivos

Dedo *m*	finger
Entranha *f*	viscera; bowels; womb; (coll.) profundity, insides, core
Esmola *f*	alms, charity
Exposição *f*	exposition; public exhibition or show
Mendigo(a) *m/f*	beggar
Montanha-russa *f*	roller coaster
Transeunte *m/f*	transient, passer-by
Trocado *m*	change

Adjetivos

Desempregado(a) *m/f*	jobless
Desolado(a) *m/f*	desolate, forlorn,
Próspero(a) *m/f*	prosperous

Verbos

Abordar	to board; to attack; to approach, to accost
Descer	to go down, to descend
Gritar	to shout
Subir	to go up
Sumir	to disappear
Vagar	to roam

P de Perder-se

Achar-se numa cidade é fácil, escreveu Walter Benjamin, o difícil é perder-se nela. E ele sabia o que estava dizendo: não há problema em tomar uma condução e seguir para um lugar predeterminado, um restaurante, um teatro, um museu, um parque. Mas vaguear sem destino requer um aprendizado. Walter Benjamin, que foi o mais famoso *flâneur* de todos os tempos, mostrou, em textos imortais, que há arte em perder-se.

O turista comum não é um artista; perder-se é para ele uma situação aflitiva, sobretudo se está num lugar onde não fala a língua e no qual não entende o que está escrito nas placas e letreiros. Só uma vez em minha vida tive a sensação de ser um analfabeto, e mais que isto, um ignorante: foi em Kioto. Em Tóquio há muitos letreiros em inglês, o que dá ao visitante alguma sensação de familiaridade; mas em Kioto, cidade tradicional, nem mesmo esse consolo existe (ou não existia, quando estive lá).

Em Kioto, perdi-me. Queria visitar um templo, mas não tinha a menor idéia de como chegar lá. Com aquela característica sem-cerimônia do turista, abordei várias pessoas na rua — mas não conseguia me fazer entender. Finalmente, encontrei um homem que falava, com muita dificuldade, inglês. Ele apontou-me uma direção e fui caminhando. Dez minutos depois, ouço alguém gritar: *Mistake! Mistake!* Era o homem, que corria atrás de mim, esbaforido. Tinha se enganado e, com o risco de perder o trabalho ou de chegar tarde a um compromisso, procurava redimir-se de seu erro.

Mas eu sabia onde queria chegar. E quando a gente não sabe?

Em Atenas, minha mulher e eu hospedamo-nos num pequeno hotel próximo ao terminal da Olympic Airways, com a qual tínhamos chegado à cidade. Depois de instalados, fomos conhecer o berço da civilização ocidental. Partenon, museus, Plaka, etc. — já era noite quando resolvemos voltar. E aí o susto: tínhamos extraviado o cartão do hotel.

Mas não seria problema: precisávamos apenas ir ao terminal da Olympic. Ali nos localizaríamos.

Tomamos um táxi e tentamos nos comunicar com o motorista. Inútil: tudo o que ele dizia era grego para nós. Mas quando falamos em Olympic, o seu rosto iluminou-se: Olympic, Olympic, ele repetia, com ar de quem era acionista da companhia aérea. Ligou o carro e partimos. Andamos, andamos, e não chegávamos. Pior que isto, a cidade começou a ficar para trás: mesmo um estrangeiro sabe diferenciar o centro de um subúrbio. E então nos demos conta: o homem estava nos levando não para o terminal, mas para o aeroporto propriamente dito.

Constatar o erro não foi difícil — mas quem disse que conseguíamos convencer o motorista a parar o carro? Suplicávamos em várias línguas que detivesse o veículo, mas ele ria e repetia, satisfeito, Olympic, Olympic. Finalmente, porém, deu-se conta de que a palavra mágica já não resolveria o problema. Estacionou junto a um bar e descemos todos para a tradicional caçada ao intérprete. Como sempre, um empreendimento difícil: talvez existissem ali descendentes de Ulisses, ou de Hércules, ou mesmo de Zeus, mas nem todos os deuses do Olimpo fariam o milagre de estabelecer um canal de comunicação entre nós. Nisso entrou um rapaz e, este sim, falava inglês; explicou ao motorista onde queríamos ir. Muitos minutos e muitos dracmas depois chegávamos ao destino. Walter Benjamin teria sua tarefa grandemente facilitada se se hospedasse em Atenas, junto ao terminal da Olympic Airways, e perdesse o cartão do hotel.

Parte A: Desencadeando a fala antes da leitura

1. Quais são os problemas de perder-se no estrangeiro?
2. Mencione algumas estratégias que podemos usar para não nos perder.

Parte B: Desencadeando a fala após a leitura

3. Faça, oralmente, um resumo do verbete/crônica "P" de "Perder-se" do "Dicionário".
4. O que aconteceu com o autor na Grécia? O que significa "tudo que ele dizia era grego para nós?"
5. Qual é a "arte em perder-se" de que fala o autor? Você já se perdeu no estrangeiro?
6. O que podemos fazer quando alguém não nos entende como aconteceu com o autor e sua esposa?

Parte C: A estilística e a gramática com estilo

7. Dê o nome de três países que começam com a letra "P". Como se chamam os habitantes desses países? Agora, escreva algo que você saiba sobre um desses países e/ou os seus cidadãos.
8. Coloque as seguintes palavras no plural:

   condução
   sensação
   tradicional

9. Alguma mala sua já se extraviou ? Como e onde?
10. Você já teve que se redimir por alguma razão? Em que situação e o que você fez para se redimir?

Revisão: advérbios

Trata-se de uma classe de palavras cuja função é modificar verbos (escrever muito), adjetivos (muito confuso) ou mesmo outro advérbio (muito cedo). *A Nomenclatura Gramatical Brasileira* classifica os advérbios em sete grupos:

a. advérbios de afirmação: sim, certamente, efetivamente, realmente, etc.
b. advérbios de dúvida: acaso, porventura, possivelmente, provavelmente, etc.
c. advérbio de intensidade: bastante, bem, demais, mais, menos, muito, pouco, quanto, quase, tanto, tão, etc.
d. advérbios de lugar: abaixo, acima, adiante, aí, além, ali, aqui, atrás, através, dentro, fora, junto, lá, longe, onde, perto, etc.
e. advérbios de modo: assim, bem, depressa, devagar, mal, melhor, pior e quase todos terminados em –mente: delicadamente, lentamente, etc.
f. advérbios de negação: não.
g. advérbios de tempo: agora, ainda, amanhã, anteontem, antes, breve, cedo, depois, então, hoje, já, jamais, logo, nunca, ontem, sempre, tarde, etc.

Advérbios em -mente

A fim de tornar mais leve o enunciado, quando em uma frase dois ou mais advérbios terminados em *–mente* modificam a mesma palavra, é possível juntar o sufixo apenas ao último deles.

Exemplo: O hotel estava confortável e elegantemente situado na zona das praias mais lindas e selvagens.

Prática

11. Releia as crônicas e preencha o quadro abaixo com um ou dois advérbios dos próprios textos: perder-se e prisão.

Tipos de Advérbios	Exemplo extraído da crônica	Exemplo extraído da crônica
De dúvida		
	junto	
em *-mente*		
		bem
De tempo		
	pouco	
De afirmação		
	muito	

P de Prisão

A Bastilha desapareceu, mas ainda existem muitas prisões dignas de uma visita. A mais famosa, por causa do cinema, e porque fica nos Estados Unidos, é Alcatraz. Todo roteiro turístico a San Francisco inclui uma visita ao antigo presídio.

Dois lugares mostram de maneira paradigmática os paradoxos da história americana. Duas ilhas. Ellis Island e Alcatraz. Uma na costa leste, outra na costa oeste: milhares de quilômetros separam-nas, e não apenas geograficamente, mas também simbolicamente. Foi através da costa leste que os europeus chegaram à América, deixando para trás um Velho Mundo convulsionado e trazendo a esperança de um futuro melhor: primeiro os puritanos, depois os refugiados da Europa Central e Oriental. Para esses, Ellis Island era o "Portal do Paraíso" — aliás, é irônico que o belo filme de Michael Cimino, que tem este nome, constitua-se no maior fracasso de bilheteria da história do cinema americano. A Estátua da Liberdade ali estava para dar as boas-vindas aos recém-chegados.

"Dá-me os teus pobres", diziam os versos de Emma Lazarus, gravados em bronze no pedestal da estátua, e esse pedido generoso sintetizava o otimismo americano. É verdade que os emigrantes tinham de ficar dias, e até semanas, em Ellis Island; é verdade que muitos eram mandados de volta, por razões que iam desde doenças até suspeitas políticas; mas uma vez que pisavam terra firme, tinham diante de si — teoricamente — todas as oportunidades. E Nova Iorque, a metrópole de nosso mundo, o exemplificava, com sua extraordinária concentração de riqueza.

Riqueza que às vezes resulta do trabalho e do talento — e às vezes não. Thomas Alva Edison, que patenteou milhares de inventos e enriqueceu com vários deles (o fonógrafo, entre outros), é um exemplo do primeiro caso; os "barões ladrões" das ferrovias, um exemplo do segundo. O crime muitas vezes representava o meio de ascensão social, sobretudo para filhos de emigrantes. O crime aumenta muito em épocas de crise econômica. Foi assim que, com a Depressão de 1929, o banditismo tornou-se um meio de vida. O governo americano resolveu então construir uma penitenciária de segurança máxima, uma prisão que servisse de advertência aos criminosos. Alcatraz foi o lugar escolhido. Ali funcionara primeiro uma fortaleza, depois, uma prisão militar. A localização era excelente: a ilha não fica muito distante da costa, mas as fortes correntes e a água gelada tornam praticamente impossível qualquer fuga por mar (uma lenda sobre a presença de tubarões foi convenientemente espalhada). E, de fato, houve apenas quatorze tentativas de fuga, todas frustradas. Em 1962, três prisioneiros conseguiram evadir-se, mas nunca mais foram vistos — presume-se que se tenham afogado na baía. Enquanto isso, a penitenciária ia acumulando um apreciável registro de prisioneiros famosos, como Al Capone, George "Machine Gun" Kelly e Robert Stroud, o "Homem dos Pássaros" (um estudioso da vida das aves, sobre quem foi feito um filme muito interessante, com Burt Lancaster).

Os *outsiders,* os que vinham de fora, entravam na vida americana pelo leste, pelo lado em que o sol nasce, o lado do tumultuoso Atlântico; e, se não se comportavam bem, saíam pelo oeste, pelo gélido Pacífico, o oceano que coloca a América em contato com o enigmático Oriente. De Alcatraz, os condenados — e isso provavelmente lhes aumentava o sofrimento — podiam ver San Francisco, uma cidade bonita e, quando não ameaçada pelos terremotos, alegre. Alegre e bizarra, como é a Califórnia. O puritanismo e a altivez ficaram no leste, olhando para a Inglaterra; Boston é disso um bom exemplo. O não-convencional foi para a Califórnia, terra do ouro, das mil oportunidades. O cinema lá se desenvolveu não só por causa das melhores condições climáticas, mas também porque ninguém perguntava aos pioneiros da indústria cinematográfica, os Goldwin, os Warner, os Cohn, por sua árvore genealógica, que era, no melhor dos casos, um arbusto. A eles Alcatraz não incomodava.

Alcatraz era a expressão máxima da filosofia repressiva no sistema penal. Nas células minúsculas, individuais, os prisioneiros passavam a maior parte de suas vidas. Não havia porta, só grades; as necessidades fisiológicas eram feitas à vista dos guardas e dos outros presos. Para os rebeldes havia a solitária. O guia que conduzia o nosso grupo perguntou se eu gostaria de ficar um minuto, e não mais que um minuto, ali dentro. Não me lembro de outro minuto mais longo em minha vida. Tão logo a porta se fecha, a escuridão torna-se absoluta: não se vê nada, não se ouve nada, e por causa do efeito anestésico do frio não se sente nada: completa privação sensorial — algo enlouquecedor — e no entanto alguns prisioneiros passavam ali até 19 dias. Um deles contou que, para não perder o juízo, inventou um jogo que consistia em atirar para o alto um botão arrancado da roupa e tentar depois encontrá-lo. Fico imaginando o que aconteceria a esse homem se *não* encontrasse o botão.

Em 1963, Alcatraz foi finalmente fechada, em parte por causa dos protestos, em parte por causa dos altos custos. De 1969 a 1971, a antiga prisão foi ocupada por índios americanos, que tentaram estabelecer ali uma espécie de república. Não conseguiram, mas o evento tornou-se um símbolo dos novos, e estranhos, ventos que sopravam na vida americana. Hoje, Alcatraz faz parte de um complexo turístico que ocupa o Fishermen's Wharf, o antigo cais dos pescadores em San Francisco. As pessoas que visitam a prisão vão também ao museu Acredite se Quiser, onde há um retrato do homem que tinha quatro pupilas nos olhos, e ao Museu Guiness de Recordes, onde há uma foto do homem mais alto do mundo (um americano) e uma estátua do homem mais gordo do mundo (idem). As crianças adoram, e os adultos — bem, os adultos também.

Parte A: Desencadeando a fala antes da leitura

12. Você já visitou alguma prisão?
13. Qual foi o lugar mais tenebroso que você já visitou numa viagem?

Parte B: Desencadeando a fala após a leitura

14. Faça, oralmente, um resumo do verbete/crônica "P" de "Prisão" do "Dicionário".
15. Quais são as diferenças entre Ellis Island e Alcatraz? Você já visitou estes dois lugares? Qual foi a impressão que estes lugares lhe causaram?
16. O que você acha da opinião do autor em relação a Boston e ao estado da Califórnia?

    Boston = puritanismo e altivez
    Califórnia = não-convencional

Parte C: A estilística e a gramática com estilo

17. Coloque os verbos do primeiro parágrafo da crônica no pretérito. Escolha se os verbos devem estar no pretérito perfeito ou imperfeito.
18. Escreva três frases originais que exemplifiquem as diferenças entre as palavras "migrante", "emigrante" e "imigrante".

Figuras de linguagem

Neste capítulo vamos estudar três figuras de linguagem: a elipse, o zoomorfismo e a metagoge.

a. elipse: supressão de um termo que pode ser facilmente subentendido pelo contexto lingüístico ou pela situação
b. zoomorfismo: atribuir características animais a seres humanos.
c. metagoge: atribuição de características peculiares dos seres humanos aos animais e às coisas inanimadas.

Prática

19. Escreva os nomes das figuras de linguagem expressas nas seguintes passagens.
    - "A Estátua da Liberdade ali estava para dar as boas-vindas aos recém-chegados"
    - "Thomas Alva Edison [...] é um exemplo do primeiro caso; os "barões ladrões" das ferrovias, um exemplo do segundo.
    - "[...] descemos todos para a tradicional caçada ao intérprete"
20. Agora é sua vez! Construa uma oração usando uma das figuras de linguagem que acabamos de aprender.
21. Escreva sua letra "P" para incluir em seu *Dicionário do viajante insólito.*

Portuguese-English Vocabulary List

Substantivos

Arbusto *m*	bush
Berço *m*	cradle, the birthplace
Bilheteria *f*	ticket booth
Caçada *f*	hunt
Destino *m*	destiny
Escuridão *f*	darkness
Fracasso *m*	failure
Grade *f*	bars
Rosto *m*	face
Susto *m*	a fright

Adjetivos

Alegre *m/f*	happy
Convulsionado(a) *m/f*	convulsed; agitated, disturbed
Enigmático(a) *m/f*	enigmatic, mysterious
Gelado(a) *m/f*	frozen
Satisfeito(a) *m/f*	satisfied

Verbos

Abordar	to board, to approach
Achar-se	to find oneself
Desaparecer	to disappear
Deter	to detain
Extraviar	to be lost, or become lost
Hospedar-se	to stay as a guest
Perder-se	to lose oneself
Rir	to laugh
Tornar-se	to become

Q de Quando

Quando viajar?

Essa é uma pergunta que as pessoas que pretendem viajar freqüentemente se fazem (algumas pessoas, bem entendido; para a maioria de nossa gente a questão é outra, a questão é o que comer).

Quem passa as férias na praia já tem a resposta. Mas quem viaja para o exterior, e pode escolher, fica em dúvida. O verão tem vantagens: os dias são mais longos, faz calor, não é preciso levar tanta roupa. No inverno as passagens de avião são mais baratas e há lugar nos hotéis; também é a época indicada para quem gosta de neve (ver "N de Neve").

Uma bela época do ano, na Europa e nos Estados Unidos, é o outono. Sobretudo por causa das cores, uma arrebatadora sinfonia de vermelhos, alaranjados e amarelos.

Espetáculo proporcionado, a custo zero, pela natureza: são as folhas que mudam de cor antes de cair (quando então precisam ser varridas, o que para os nativos é um saco. Vários sacos: há folha que não acaba mais).

E quando viajar — na vida?

Para os jovens, há muitas oportunidades de viajar pelo exterior de forma barata. Mas os mais velhos não podem dormir em albergues ou em estações de trem. Há pessoas que passam a vida juntando um dinheiro para enfim realizar o sonho da viagem.

Conheci um homem assim. Modesto funcionário, tinha um único sonho: conhecer a Itália, pátria de seus pais. Economizou anos, até que por fim pôde comprar a passagem. Tirou férias — trinta dias, nem um a mais, advertiu o chefe — e foi. Na véspera da viagem, sentia-se tonto, um pouco nauseado; mas não deu importância ao fato. É da emoção, pensou.

Não era. Já no vôo estava com febre alta; e em Roma, levaram-no diretamente para o hospital, onde deveria ficar em isolamento rigoroso.

As autoridades italianas temiam que fosse portador de uma dessas misteriosas doenças tropicais, capazes de se espalhar pela Europa inteira. Ele, tudo o que queria era melhorar, para poder fazer os passeios que com tanta ansiedade tinha planejado.

Mas não melhorava. Os dias se escoavam ali monotonamente; tudo o que ele estava vendo de Roma, da Itália, da Europa, eram as paredes do quarto, de um branco asséptico. Nem mesmo uma vista tinha de sua janela, que dava para um feio edifício de apartamentos. Na parede, e era a única coisa que quebrava a severidade do aposento, um quadrinho: uma vista das colinas da Cidade Eterna.

Aos poucos foi melhorando. No trigésimo dia pediu para voltar ao Brasil. Não estava ainda completamente bom, mas também não podia ficar mais: as férias tinham terminado. Levaram-no numa ambulância fechada ao aeroporto. Antes de embarcar, ele fez uma solene promessa: ainda voltaria a Roma.

O tempo passou, e ele não mais conseguiu juntar dinheiro para a viagem. Aposentou-se e, com a magra pensão, foi morar num hotel para velhos. Vou lhe dar meu melhor quarto, disse a dona. Abriu a porta e o homem teve um choque.

Era o quarto, o mesmo quarto do hospital de Roma: as brancas paredes assépticas, a janela dando para um feio edifício de apartamentos. Até mesmo o quadrinho estava ali, o quadrinho com a vista das colmas de Roma.

Num impulso, ele estendeu os braços para a dona do hotel:

— Posso abraçá-la?

Sem saber o que responder, ela se deixou abraçar. Surpresa, naturalmente. Não podia saber que, naquele momento, o hóspede estava realizando o sonho de sua vida: até que enfim voltava a Roma.

Parte A: Desencadeando a fala antes da leitura

1. Em sua opinião, quando é a melhor época para viajar?
2. O que precisamos levar em consideração quando estamos planejando uma viagem?

Parte B: Desencadeando a fala após a leitura

3. Faça, oralmente, um resumo do verbete/crônica "Q" do "Dicionário".
4. O que aconteceu com o turista da nossa crônica? Por que ele ficou em isolamento?
5. Como o nosso turista brasileiro conseguiu voltar a Roma?
6. A crônica é triste? Alegre? Se é que há, qual seria a moral da estória?
7. Como os jovens viajam? E os mais idosos? E você?

Parte C: A estilística e a gramática com estilo

8. Dê o nome de dois países que começam com a letra "Q". Como se chamam os habitantes desses países? Agora, escreva algo que você saiba sobre um desses países e/ou os seus cidadãos.
9. Coloque os verbos do seguinte parágrafo no futuro:

   (p. 122) Mas não melhorava... Cidade Eterna.
10. Escolha, pelo menos, quatro das palavras abaixo e crie um pequeno dialogo:

    Cor Vôo Verão Tropical
    Estação Portador Vantagem

Revisão: números ordinais

Os números ordinais são números usados para assinalar a posição ou ordem numa seqüência : primeiro, segundo, terceiro, quarto, quinto, sexto, etc.

	Masculino	Feminino
1º	Primeiro	Primeira
2º	segundo	segunda
3º	terceiro	terceira
4º	quarto	quarta
5º	quinto	quinta
6º	sexto	sexta
7º	sétimo	sétima
8º	oitavo	oitava
9º	nono	nona
10º	décimo	décima

	Masculino	Feminino
11º	undécimo ou décimo primeiro	undécima ou décima primeira
12º	duodécimo ou décimo segundo	duodécima ou décima segunda
13º	tredécimo ou décimo terceiro	tredécima ou décima terceira
14º	décimo quarto	décima quarta
15º	décimo quinto	décima quinta
16º	décimo sexto	décima sexta
17º	décimo sétimo	décima sétima
18º	décimo oitavo	décima oitava
19º	décimo nono	décima nona
20º	vigésimo	vigésima
21º	vigésimo primeiro	vigésima primeira
22º	vigésimo segundo	vigésima segunda
23º	vigésimo terceiro	vigésima terceira
24º	vigésimo quarto	vigésima quarta
25º	vigésimo quinto	vigésima quinta
26º	vigésimo sexto	vigésima sexta
27º	vigésimo sétimo	vigésima sétima
28º	vigésimo oitavo	vigésima oitava
29º	vigésimo nono	vigésima nona
30º	trigésimo	trigésima
40º	quadragésimo	quadragésima
50º	quinquagésimo	quinquagésima
60º	sexagésimo	sexagésima
70º	septuagésimo	septuagésima
80º	octogésimo	octogésima
90º	nonagésimo	nonagésima
100º	centésimo	centésima

Prática

11. Levante-se e encontre alguém em sua turma que...

    a. Conhece alguém que mora no 16.º andar de um prédio ...
    b. Nunca viaja de 1ª classe ...
    c. Esta semana vai pedir dinheiro aos pais pela 10ª vez no ano ...
    d. Hoje irá à biblioteca pela 5ª vez ...
    e. Tem um avô que fez uma grande festa no 70 º aniversário dele ...
    f. Foi a/o 11 º colocado/a no esporte que ele/a faz ...

Figuras de linguagem

Neste capítulo vamos estudar três figuras de linguagem: a antanáclase, a sinestesia e a metonímia.

a. antanáclase: forma de jogo de palavras em que uma palavra é repetida em dois sentidos diferentes.
b. sinestesia: cruzamento de sensações; associação de palavras ou expressões em que ocorre combinação de sensações diferentes numa só impressão.
c. metonímia: figura de linguagem que consiste no emprego de um termo por outro, dada a relação de semelhança ou a possibilidade de associação entre eles.

Prática

12. Escreva os nomes das figuras de linguagem expressas nas seguintes passagens.
    - "[...] uma arrebatadora sinfonia de vermelhos, alaranjados e amarelos"
    - "(quando não precisam ser varridas, o que para os nativos é um saco. Vários sacos: há folha que não acaba mais)"
    - "[...] uma vista da Cidade Eterna".
13. Agora é sua vez! Construa uma oração usando uma das figuras de linguagem que acabamos de aprender.
14. Escreva sua letra "Q" para incluir em seu *Dicionário do viajante insólito.*

Portuguese-English Vocabulary List

Substantivos

Albergue	hostel; lodge
Calor	hot, heat
Outono	fall (season)
Praia	beach

Adjetivos

Arrebatador(a) *m/f*	ravishing, charming; overpowering
Barato(a) *m/f*	inexpensive; cheap
Misterioso(a) *m/f*	mysterious
Modesto(a) *m/f*	modest
Solene *m/f*	solemn

Verbos

Abraçar	to hug
Advertir	to warn
Aposentar-se	to retire
Embarcar	to board
Espalhar	to spread
Levar	to take, to carry

R de Roteiro

Quando for feito o levantamento da literatura do século vinte, um lugar especial deverá ser reservado ao roteiro turístico. Essa peça redacional propõe-se a descrever, com algo de imaginação, a viagem maravilhosa que o turista fará. Adjetivos como "deslumbrante, maravilhoso" figuram freqüentemente, mas o verdadeiro estado de espírito dos organizadores só aparece na última linha, que diz: "Fim de nossos serviços". Fim de nossos serviços: alívio. Não mais cavalheiros reclamando do quarto de hotel, não mais senhoras queixando-se de cansaço. Fim de nossos serviços.

De qualquer modo, o roteiro turístico consagra um estilo. Que pode se aplicar a outras situações: passagens bíblicas, por exemplo. Se Moisés fosse agente de viagens, o Êxodo seria anunciado assim:

"Senhoras e senhores, bem-vindos ao mais sensacional passeio turístico dos tempos bíblicos. Partiremos, como todos sabem, das belas terras do Egito. Todos devem se apresentar na hora marcada. A partida talvez demore um pouco, porque as autoridades alfandegárias e o próprio faraó não têm muita vontade de deixar o povo sair. Mas várias pragas já foram providenciadas, de modo que a saída do país está assegurada. Sendo esta uma excursão de tarifas econômicas, viajaremos a pé, mas desfrutando a cada momento a deslumbrante paisagem do deserto. O detalhe mais sensacional é que seremos guiados por uma nuvem, de dia, e uma coluna de fogo, à noite: espetáculo fantástico. Não diremos o nome do patrocinador, mas podemos assegurar que é muito poderoso.

"Nosso trajeto nos levará às praias do Mar Vermelho. Não há hotéis ali, mas isso não tem importância, porque não nos deteremos: atravessaremos o mar. Não se trata de um cruzeiro marítimo convencional: as águas se abrirão a nossa passagem! Atração única dessa viagem! De novo: não podemos dizer o nome do responsável, mas, creiam, não se trata de um mágico qualquer.

"Após a travessia, será servida uma refeição. Trata-se de maná, um prato especialmente preparado para os nossos viajantes. O nome do cozinheiro terá de ser mantido em segredo, mas podem os nossos caros excursionistas acreditar tratar-se de um manjar verdadeiramente divino.

"Ao cabo de algum tempo — a viagem, como sabem, é longa — chegaremos ao monte Sinai, onde serão mostradas as Tábuas da Lei. Para aqueles que quiserem ler as inscrições, recomenda-se que tomem lugar o mais próximo possível do sopé, de vez que as letras não são facilmente legíveis. Mesmo os que ficarem mais longe não deixarão, contudo, de se comover com essa bela demonstração de confiança na ética.

"A essa altura é possível que muitos participantes sejam convidados para a festa do Bezerro de Ouro. Os que a ela comparecerem, farão por sua conta e risco, já que os organizadores desaprovam fortemente essa atividade pagã, que ademais deve ser paga em metal precioso.

"Finalmente, e quando alguns dos senhores talvez já estejam pensando em desistir, chegaremos à Terra Prometida, onde não faltará leite nem mel. O dia será livre para passeios. Recomendamos cuidado com os terroristas. Ocupem suas tendas — e divirtam-se. Fim de nossos serviços."

Parte A: Desencadeando a fala antes da leitura

1. Antes de viajar você costuma fazer um roteiro?
2. Você costuma ler guias de turismo antes de fazer suas viagens?

Parte B: Desencadeando a fala após a leitura

3. Faça, oralmente, um resumo do verbete/crônica "R" do "Dicionário".
4. Imagine que você é um guia de turismo. Faça seu próprio roteiro turístico de um lugar que você conhece muito bem.

Parte C: A estilística e a gramática com estilo

5. Dê o nome de três países que começam com a letra "R". Como se chamam os habitantes destes países? Agora, escreva algo que você saiba sobre um desses países e/ou os seus cidadãos.

6. Coloque o seguinte parágrafo no pretérito:

    (p. 128) "Nosso trajeto ... mágico qualquer"

R de Roupas

Roupa é uma coisa que turista gosta de comprar. No momento, há um argumento poderoso a favor: com o dólar desvalorizado, os preços são mais que convidativos. Há quem vá a Nova Iorque para fazer o guarda-roupa.

A outra razão: as roupas são diferentes, o que dá a sensação de mudança (mudança externa, mas mudança de qualquer maneira. Mais barata e mais fácil que a mudança interna). E às vezes o que é diferente pode ser simbólico, como descobri em Providence, onde dei um curso na Brown University.

Uma manhã saí de casa para dar aula. A universidade não ficava longe, de modo que fui a pé. Lá pelas tantas comecei a bater queixo: fazia frio, e eu estava em mangas de camisa. O que me criou um problema. Já não valia a pena voltar para apanhar um casaco, mas eu também não podia correr o risco de pegar uma gripe. De repente avistei uma casa a cuja porta uma moça vendia roupas usadas; e, de um cabide, pendia um belo casaco, em veludo "corduroy". O preço era uma barbada: US$ 10. Experimentei o casaco, que, surpreendentemente, me caiu como uma luva. "Parece que foi feito para você", garantiu a jovem, e o seu sorriso me ajudou na decisão. Envergando o casaco novo entrei no Departamento de Estudos Portugueses e Brasileiros da universidade. A secretária, uma simpática portuguesa, também gostou do casaco, mas alarmou-se ao saber onde eu o havia comprado: então não sabia o doutor Scliar que aquele podia ser o casaco de um morto? Podia ser, não: era. Disso tive certeza no momento em que ela levantou

a hipótese. Eu estava, sim, usando o casaco de alguém que àquela altura repousava sob a terra; não uma mortalha, mas quase.

O que não chegou a me perturbar: afinal, eu preferia usar roupa de defunto a passar frio. Mas de repente assaltou-me uma certa curiosidade: quem seria o morto cujo casaco eu, ainda que involuntariamente, herdara? Um americano, sem dúvida, mas que tipo de americano? Um professor universitário, um empresário, um jogador de beisebol, um gângster? Onde e como teria morrido? Em casa, de ataque cardíaco? Atropelado por um carro numa freeway? No Vietnã, vitimado pela bala de um guerrilheiro? Eu não tinha como descobrir, a não ser que perguntasse à moça, o que estava totalmente fora de cogitação: US$ 10 não dão direito a indagações.

De modo que continuei usando, sem muitos questionamentos, inquietações ou remorsos, o casaco do morto. Afinal — o que usamos, que não tenha, de alguma forma, pertencido aos mortos? Tudo está em como o usamos. Há muitos pistoleiros que carregam crimes nas costas. Eu, inocente, carrego o casaco de um morto. Não me pesa. Deve ser o desejo dele: assim como alguém disse, que a terra lhe seja leve, ele deve ter expirado pensando, "que meu casaco não seja um peso para ninguém. Muito menos para um visitante enregelado".

Parte A: Desencadeando a fala antes da leitura

7. Você tem o costume de comprar coisas usadas?
8. Qual foi o objeto usado que você comprou e do qual você mais gostou?

Parte B: Desencadeando a fala após a leitura

9. Faça, oralmente, um resumo do verbete/crônica "R" de "Roupas" do "Dicionário".
10. Imagine que você comprou uma roupa usada no Brasil. Em primeiro lugar, descreva a roupa e o seu possível dono. Como terá sido o dono anterior? Homem? Mulher? Jovem? Mais idoso? Por que você comprou a roupa? Qual foi a atração principal? O baixo custo? A roupa em si? Necessidade?
11. Você usaria o casaco que o autor comprou? Explique as suas razões.

Parte C: A estilística e a gramática com estilo

12. Imagine que você vai viajar para um país frio durante o inverno e para um país tropical durante o verão. Faça sua mala.
13. Procure o significado das quatro expressões abaixo e escreva frases originais:

bater queixo	bater boca
bater papo	bater à máquina

Revisão: conjunções adversativas

As conjunções coordenativas adversativas têm a função de estabelecer uma relação de contraste entre os sentidos de dois termos ou duas orações de mesma função gramatical. As conjunções coordenativas adversativas são, em ordem de formalidade, ou seja do mais informal até o mais formal: **mas, porém, contudo, todavia, entretanto, no entanto, não obstante.**

Exemplos: A secretária também gostou do casaco, **mas** alarmou-se ao saber onde ele o havia comprado.

Mesmo os que ficarem mais longe não deixarão, **contudo**, de se comover.

Prática

14. Remonte as frases usando conjunções adversativas em seu devido lugar.

 a. no entanto / não conseguia controlar bem seu grupo de turistas / Moisés foi um excelente guia turístico
 b. Dora é uma mãe muito dedicada / nunca vai às reuniões da escola / porém
 c. o maná é muito saudável e delicioso / contudo / deve ser comido com moderação
 d. Tábuas da Lei / não obstante / todos queriam ler/ as /eram analfabetos!

Figuras de linguagem

Neste capítulo vamos estudar três figuras de linguagem: o eufemismo, a sinédoque e a metáfora.

 a. sinédoque: substituição de um termo por outro, em que os sentidos destes termos têm uma relação de extensão desigual (ampliação ou redução).
 b. eufemismo: palavra ou expressão que substitui outra considerada vulgar, de mal gosto ou tabu.
 c. metáfora: consiste em identificar dois termos entre os quais existe alguma relação de semelhança.

Prática

15. Escreva os nomes das figuras de linguagem expressas nas seguintes passagens.
    - "Há quem vá a Nova Iorque para fazer o guarda-roupa"
    - "[...] alguém que àquela altura repousava sob a terra"
    - "[...] Eu, inocente, carrego o casaco de um morto. Não me pesa".
16. Agora é sua vez! Construa uma oração usando uma das figuras de linguagem que acabamos de aprender.
17. Escreva sua letra "R" para incluir em seu *Dicionário do viajante insólito.*

Portuguese-English Vocabulary List

Substantivos

Alfândega *f*	customs
Alívio *m*	relief
Cozinheiro/(a) *m/f*	cook
Gripe *f*	flu
Leite *m*	milk
Levantamento *m*	survey
Mágico(a) *m/f*	magic
Mel *m*	honey
Mortalha *f*	shroud
Patrocinador(a) *m/f*	sponsor
Refeição *f*	meal
Roteiro *m*	itinerary
Veludo *m*	velvet

Adjetivos

Belo(a)*m/f*	beautiful
Deslumbrante *m/f*	dazzling, flaring, seductive
Enregelado(a) *m/f*	frozen, chilled, congealed
Fácil *m/f*	easy
Maravilhoso(a) *m/f*	marvelous
Poderoso(a) *m/f*	powerful
Precioso(a) *m/f*	precious

Verbos

Atropelar	to run over
Demorar	to take a long time
Desaprovar	to disapprove
Desistir	to quit
Figurar	to figure, to portray; to trace, outline; to shape, form; to represent, symbolize
Manter	to maintain
Perturbar	to annoy; to perturb
Queixar-se	to complain
Reclamar	to complain

S de Simbolismo

Existe a viagem real, e existe o simbolismo da viagem. É claro que os aspectos simbólicos não figuram nos guias turísticos e nem são debitados no cartão de crédito, mas a verdade é que a metáfora da viagem acompanha o ser humano desde há muito tempo. Quando não havia aviões, a metáfora referia-se principalmente à navegação. O barco de Pedro era, e é, o símbolo da Igreja; Buda, que ajuda a humanidade a atravessar o mar da existência, é chamado o Grande Navegador.

A Bíblia, que descreve a existência de um povo nômade, menciona muitas vezes viagens. "Sai de tua terra", diz o Senhor a Abraão, "e vem para a terra que te mostrarei". Era uma terra abençoada, mas nem por isso os hebreus ficaram nela; tangidos pela fome, foram para o Egito, de onde saíram conduzidos por Moisés.

Não é de admirar que viagens figurem tão freqüentemente na literatura. Ulisses é um exemplo clássico. *As aventuras de Simbad* encantam os jovens há séculos. E *A ilha do tesouro é,* um grande livro para adolescentes, sem falar na obra de Júlio Verne.

A viagem às vezes é uma metáfora para a morte, lembra Freud (que ficava ansioso quando tinha de viajar), mas é também o grande antídoto contra a monotonia da existência. Ela exprime um desejo profundo de mudanças, de novas experiências. Segundo Jung, estamos constantemente em busca da Mãe perdida (segundo J. E. Cirlot, em *A Dictionary of Symbols,* ao contrário, quando viajamos estamos é fugindo da Mãe. Podem escolher). Não quer dizer que gostaremos do que vamos encontrar, sustenta Baudelaire:

> Sabor amargo, esse que se extrai da viagem!
> O mundo, monótono e pequeno, hoje,
> ontem, amanhã, sempre, nos faz ver nossa imagem,
> um oásis de horror num deserto de tédio!

Dá para ver que o poeta não daria um bom agente de viagens. Mas ele tem razão no que se refere às expectativas mágicas que muitos de nós nutrimos. Às vezes até buscamos longe o que está perto. Uma parábola judaica do século dezoito ilustra-o bem.

O rabino Aizik Iukil, que vivia em Cracóvia, sonhou com um grande tesouro enterrado junto ao palácio real, em Praga. O sonho repetiu-se várias vezes; por fim o rabino decidiu empreender a longa e perigosa viagem. Lá chegando, ficou três dias rondando o palácio real, sem saber ao certo onde procurar o tesouro. Um guarda, que o observava, dirigiu-se a ele, perguntando o que fazia ali. Sem revelar sua identidade, o rabino contou o sonho que tivera. O homem riu: "Sonhos! Quem acredita neles? Eu sonhei duas vezes com um grande tesouro enterrado sob o fogão da casa de um certo rabino Aizik, em Cracóvia. Mas é claro que não vou gastar meu tempo e meu dinheiro viajando até lá". O rabino voltou a Cracóvia, cavou sob o fogão de sua casa e lá estava o tesouro.

Quem é contra viagens pode dizer que o rabino deveria ter prestado atenção em seu sonho: entraria no tesouro mais cedo (dependendo da inflação, pode até valer a pena). Quem é a favor sustentará que o rabino só descobriu o significado do sonho porque viajou. A vantagem das parábolas, como das viagens, é que elas satisfazem todos os gostos.

Parte A: Desencadeando a fala antes da leitura

1. Viagens podem ser simbólicas? Do seu ponto de vista, como as viagens podem ser simbólicas? Dê um exemplo específico.
2. Há muitos livros que falam sobre viagens. Fale sobre um livro em que uma viagem é uma parte importante do enredo.

Parte B: Desencadeando a fala após a leitura

3. Faça, oralmente, um resumo do verbete/crônica "S" do Dicionário".
4. Quais são as suas expectativas em relação a viagens? O que você espera encontrar ou sentir?

5. Você acha que as viagens podem ser uma metáfora para a morte como pensava Freud?
6. O que a parábola judaica nos indica sobre as viagens?
7. O texto diz, "Às vezes até buscamos longe o que está perto". O que você já buscou longe que estava perto?
8. Se pensarmos em viagens como nutrição (p. 134), do que o turista se nutre quando está viajando?

Parte C: A estilística e a gramática com estilo

9. Dê o nome de três países que começam com a letra "S". Como se chamam os habitantes desses países? Agora, escreva algo que você saiba sobre um desses países e/ou os seus cidadãos.
10. Dê o plural das seguintes palavras:

    navegação
    fogão
    real

11. Coloque o seguinte parágrafo no futuro do indicativo:

    (p. 134) "O rabino Aizik Iukil...o tesouro"

Revisão: tudo vs. todo

Tudo corresponde ao inglês "everything" e deve ser empregado separadamente, desacompanhado de substantivo. Além disso, é invariável, ou seja, não concorda em gênero ou número.

Exemplos:

a. Você comeu muito?

   Comi, sim. Comi tudo o que estava no prato apesar de detestar comida de avião.

b. Em nosso trabalho tudo precisa ser feito com muita pressa.

Todo (os, a, as) corresponde ao inglês "all" (no sentido de *entire* ou *whole*) e "every". **Todo** concorda em gênero e número com o substantivo que precede.

Exemplos:

a. Mariana conhece o aeroporto todo.

b. Mariana trabalha todos os dias no aeroporto. Ela passa o dia todo limpando o chão.

c. Todas as noites, depois do trabalho, Mariana vai para a escola.

Prática

12. Complete com todo(s), toda(s), todo o / toda a, ou tudo.

 __Tudo__ em um aeroporto me fascina, mas __todas__ as vezes que vou a um deles fico exausta. Faço __tudo__ que posso para evitar isso. Mas, __todo o__ esforço é em vão. Sempre estou cansada das viagens que tenho que fazer com __toda a__ família. Só de pensar em __todas as__ malas que tenho que fazer, já fico de cabelo em pé. __Toda__ vez que viajo sozinha, sinto-me como um pássaro saído da gaiola. Mas, em __todas as__ viagens que faço sozinha é o mesmo drama: sinto saudade de minha família.

13. Escreva cinco frases originais usando tudo, todo/a, todos, todas.

Figuras de linguagem

Neste capítulo vamos estudar três figuras de linguagem: a pergunta retórica, a sinestesia e a metagoge.

a. sinestesia: cruzamento de sensações; associação de palavras ou expressões em que ocorre combinação de sensações diferentes numa só impressão.

b. pergunta retórica: interrogação que não tem o objetivo de obter uma informação ou uma resposta. Este recurso estilístico é usado para criar interesse nos espectadores, ouvintes ou leitores e enfatizar uma conclusão já sabida de antemão.

c. metagoge: atribuição de características peculiares dos seres humanos aos animais e às coisas inanimadas.

Prática

14. Escreva os nomes das figuras de linguagem expressas nas seguintes passagens.
    - "[...] expectativas mágicas que muitos de nós nutrimos"
    - " Sabor amargo, esse que se extrai da viagem"!
    - "Sonhos! Quem acredita neles"?
15. Agora é sua vez! Construa uma oração usando uma das figuras de linguagem que acabamos de aprender.
16. Escreva sua letra "S" para incluir em seu *Dicionário do viajante insólito.*

Portuguese-English Vocabulary List

Substantivos

Adolescente *m/f*	teenagers
Barco *m*	boat
Fogão *m*	stove
Fome *f*	hunger
Morte *f*	death
Mudança *f*	change, move
Tesouro *m*	treasure
Vantagem *f*	advantage

Adjetivos

Abençoado(a) *m/f*	blessed
Monótono(a) *m/f*	monotonous
Profundo(a) *m/f*	profound, deep

Verbos

Acompanhar	to accompany, to keep company
Ajudar	to help
Cavar	to dig
Debitar	to charge, to bill, to debit
Enterrar	to bury
Satisfazer	to satisfy

T de Turista

Um dia será necessário fazer um estudo antropológico sobre esta curiosa criatura, o turista, uma espécie gerada pela facilidade de comunicações e da qual se nutre uma indústria sempre crescente.

Como o sertanejo, o turista é antes de tudo um forte. Tem de ser forte para agüentar as longas caminhadas e para carregar as pesadas malas, e bolsas, e pacotes com as compras que, afinal, são um dos principais objetivos das viagens.

Diferente do sertanejo, o turista é alegre. Alegrinho, excitado. Fala alto, pelos cotovelos, ri, às vezes canta. É vistoso: o turista americano, por exemplo, não pode ir ao trópico sem aquelas camisas floreadas que o tornam alvo fácil para os assaltantes.

Às vezes, o turista sofre. Desembarca do avião e verifica que perdeu a mala; chega ao hotel, a reserva não foi feita; come alguma coisa exótica e passa mal (os mexicanos denominam de "turista" a diarréia que acomete sobretudo os visitantes norte-americanos, que experimentam a condimentada e nem sempre higiênica comida local. Também é chamada "praga de Montezuma". A julgar pela economia mexicana, foi a única coisa de Montezuma que deu certo). Às vezes o turista corre riscos; o de assalto é o mais freqüente. Uma de minhas mais penosas experiências aconteceu numa rua da pacata cidade universitária de Providence, Rhode Island. Às dez da manhã, a caminho da universidade, fui cercado por um bando de gigantescos adolescentes que queriam o meu dinheiro. Não dei (como brasileiro, reservo-me o direito de nada ter a ver com a problemática social norte-americana) e fui agredido, mas tive a sorte de escapar ileso, o que nem sempre acontece.

Brigas. Os turistas também brigam entre si. Isso acontece sobretudo em excursões. Às vezes são vários dias de convivência, em ônibus, em hotéis, em restaurantes, nas visitas a locais famosos; e, então, se as pessoas não são bem equilibradas, o conflito pode se instalar.

Uma vez, em Madrid, minha mulher e eu entramos numa excursão para conhecer a Andaluzia. Uma viagem de vários dias, sempre de ônibus, e que nos levaria a lugares como Córdoba e Sevilha. No dia marcado, apresentamo-nos no lugar de onde partiria o ônibus, fomos recebidos pela gentil guia espanhola e tomamos nossos lugares.

Logo deu para ver que os excursionistas dividiam-se em dois grupos. Um era composto de jovens latino-americanos, uruguaios, argentinos, chilenos; o outro — e não ficava claro se se tratava de uma grande família, mas era o que parecia— de iraquianos. E havia ainda um inconspícuo casal de alemães.

Nos dois primeiros dias tudo correu bem, mas logo em seguida começaram os problemas. Quem os criou — uma espécie de antecipação da Guerra do Golfo — foram os iraquianos. Eram barulhentos e mal-educados; brigavam entre si o tempo todo, gritavam; um deles passava a viagem dormindo, e roncando. Mas o conflito estalou num dia em que mandaram a guia falar mais baixo. A pobre moça, que nada mais fazia do que cumprir a sua obrigação, descrevendo ao microfone os lugares pelos quais passávamos, começou a chorar.

De imediato, os latino-americanos solidarizaram-se com ela. E o brado "echemos a los moros", expulsemos os mouros, voltou a ressoar em terras de Espanha como tinha acontecido no século quinze. A guerra, cujo cenário era sempre o ônibus (nos hotéis era cada um por si), desenrolou-se sob a forma de curiosas escaramuças; numa das vezes, por exemplo, tratava-se de ver que grupo cantava, em espanhol ou árabe, mais alto. Algumas vezes chegou-se perto da agressão física, mas no final tudo terminou bem, com uma grande confraternização em Sevilha. Turistas são gente de paz.

Parte A: Desencadeando a fala antes da leitura

1. Há algum/a escritor/a que você conhece que escreve sobre um espaço geográfico específico? Quem é ele/a e sobre qual espaço geográfico (cidade, país, etc.) escreve?
2. O que você sabe sobre o Sertão no Brasil? Onde está localizado o Sertão geograficamente? Você conhece escritores que escreveram principalmente sobre o Sertão? Você já viu filmes sobre o Sertão?

Parte B: Desencadeando a fala após a leitura

3. Faça, oralmente, um resumo do verbete/crônica "T" do Dicionário.
4. O que aconteceu ao Scliar em Providence? Você já foi assaltado no exterior?
5. O que aconteceu na excursão que o Scliar e a sua esposa fizeram? Como se dividiram os grupos? Há algum estereótipo na divisão?
6. Você já fez alguma excursão? Como foi a sua experiência?

Parte C: A estilística e a gramática com estilo

7. Dê o nome de dois países que começam com a letra "T". Como se chamam os habitantes desses países? Agora, escreva algo que você saiba sobre um desses países e/ou os seus cidadãos.
8. Dê um antônimo para cada uma das seguintes palavras e crie frases novas com as mesmas:

   barulhento escaramuças
   vistoso confraternização

   a. Agora identifique alguém que você acha que é vistoso/a.
   b. Você se acha barulhento/a? Você conhece alguém barulhento/a? Quem?
9. O que significa "falar pelos cotovelos"? Explique e depois escreva uma frase original usando essa expressão.
10. Você agora é o/a guia de uma excursão. Crie um pequeno discurso sobre o local que você está mostrando aos turistas.
11. Faça uma lista de adjetivos para o/a turista.

Revisão: plural

- Regra geral: acrescenta-se o **s**.
  Exemplos: vôo –vôos; cemitério - cemitérios
- Substantivos terminados em **r, z**: acrescenta-se **es**.
  Exemplos: escritor –escritores; nariz - narizes
- Substantivos terminados em **al, el, ol, ul**: troca-se o **l** por **is**.
  Exemplos: plural- plurais; admirável- admiráveis;
- Substantivos terminados em **il**: os oxítonos: troca-se o **il** por **is**; paroxítonos: troca-se **il** por **eis**.
  Exemplos: funil –funis; fóssil - fósseis
- Substantivos terminados em **m**: troca-se o **m** por **ns**.
  Exemplos: homem – homens; algum –alguns

- Substantivos terminados em **s**: monossílabos e oxítonos: acrescenta-se **es**; não oxítonos ficam invariáveis.

  Exemplos: português – portugueses; o lápis - os lápis
- Substantivos terminados em **x**: invariáveis.

  Exemplos: o tórax - os tórax
- Substantivos terminados em **ão**. Há três formas de plural: **ãos, ães, ões**.

  a. A maioria muda para – ÕES:

  Exemplos: portão – portões; questão - questões

  b. Outros mudam para –ÃES:

  Exemplos: alemão- alemães; pão- pães

  c. Todos os paróxitonos e alguns óxitonos mudam para –ÃOS:

  Exemplos: irmão – irmãos; cristão - cristãos

Prática

12. Dê o plural das seguintes palavras:

excursão	ônibus
gentil	agressão
obrigação	

Figuras de linguagem

Neste capítulo vamos estudar três figuras de linguagem: a alusão, o hipérbato e o zoomorfismo.

a. hipérbato: transposição ou inversão da ordem natural das palavras de uma oração, para efeito estilístico.
b. alusão: consiste na referência explícita ou implícita a uma obra de arte, um fato histórico ou um autor.
c. zoomorfismo: atribuir características animais a seres humanos.

Prática

13. Escreva o nome das figuras de linguagem expressas nas seguintes passagens.
    - "[...] fomos recebidos pela gentil guia espanhola"
    - "[...] esta curiosa criatura, o turista, uma espécie gerada pela facilidade de comunicações [...]"
    - "Como o sertanejo, o turista é antes de tudo um forte".
14. Agora é sua vez! Construa uma oração usando uma das figuras de linguagem que acabamos de aprender.
15. Escreva sua letra "T" para incluir em seu *Dicionário do viajante insólito.*

Portuguese-English Vocabulary List

Substantivos

Alvo *m*	target; aim
Assaltante *m/f*	robber
Bolsa *f*	purse
Compra *f*	purchase
Mala *f*	suitcase
Pacote *m*	package
Sertanejo(a) *m/f*	inlander, dweller of the backlands

Adjetivos

Alegre *m/f*	happy
Barulhento(a) *m/f*	noisy
Condimentado(a) *m/f*	well-seasoned food
Crescente *m/f*	crescent; increasing, growing
Equilibrado(a) *m/f*	balanced
Forte *m/f*	strong
Mal-educado(a) *m/f*	impolite
Pacato(a) *m/f*	calm, tranquil
Penoso(a) *m/f*	painful, dolorous; difficult, hard, arduous
Pesado(a) *m/f*	heavy
Vistoso(a) *m/f*	showy, good-looking, stately, attractive; dressy, flashy; ostentatious; gallant, handsome

Verbos

Acontecer	to happen
Agüentar	to put up with
Brigar	to fight
Dormir	to sleep
Escapar	to escape
Gritar	to scream, to yell
Roncar	to snore

U de Urgente

O que pode ser urgente para um turista, uma pessoa que, por definição, não tem nenhum compromisso, nenhum horário? Resposta: a urgência de ir ao banheiro.

Que pode se tornar um problema, para quem sai de manhã e só pretende voltar à noite. Claro que a civilização toma conhecimento dessa necessidade e oferece facilidades para resolver o problema, mas onde estão essas facilidades?

Pelo menos em Nova Iorque há resposta para essa angustiante questão, graças a um livro que não chega a ser *best seller,* mas é muito interessante. Chama-se *Where to Go: a Guide to Manhattan's Toilets.* A autora, Vicki Rovere, fez um exaustivo trabalho e cumpriu seu papel (higiênico!) de pesquisadora especializada (e muito especializada), dando-nos uma lista dos banheiros de Manhattan.

Não é uma obra sem propósito. Todo aquele que já se viu apertado numa fria e desumana megalópole conhece a importância do banheiro. E Nova Iorque é um lugar especialmente problemático nesse sentido. Começa com a nomenclatura; não diga, adverte

Ms. Rovere, que você quer ir ao "toilet", diga "bathroom". Qual "bathroom"? Ms. Rovere classifica-os, muito convenientemente, pelas instituições em que se localizam: museus, lojas, livrarias, etc. (junto, um mapa de Manhattan, para os que se virem perdidos). E acrescenta várias e úteis dicas.

Fica-se sabendo, por exemplo, que as toalhas de papel nos banheiros da Trump Tower estão meio escondidas (deve ser graças a isso que o Trump ficou milionário). Na Katz's Delicatessen, só os clientes podem usar os banheiros, mas isso não chega a ser sacrifício, porque os "Knishes" (bolinhos) são muito bons e podem até ajudar o trânsito intestinal. Só os clientes do dia são atendidos, adverte um cartaz: se você comprou "Knishes" num dia e quer usar o banheiro no dia seguinte, esqueça. No Hotel Marriott Marquis, a vista do banheiro do nono andar é belíssima; no Paramount, as torneiras são de prata (cuidado com a tentação). No Centro Cultural Islâmico, deve-se entrar sem sapatos. Na loja Century 21, menores de 21 anos só podem entrar no banheiro acompanhados dos pais — não sei se tal advertência se aplica aos órfãos.

Bem, mas pelo menos Nova Iorque tem um guia dos banheiros. Já as grandes cidades brasileiras não oferecem guias. Nem banheiros.

Parte A: Desencadeando a fala antes da leitura

1. Você concorda que o banheiro é o que há de mais urgente para o turista? O que mais precisa ser resolvido com uma certa urgência?

Parte B: Desencadeando a fala após a leitura

2. Faça oralmente um resumo do verbete/crônica "U" do Dicionário.
3. Há muitos livros que ajudam os turistas nas suas aventuras em países estrangeiros. Na sua opinião, está faltando algum livro que contenha mais algum tipo de informação importante para o turista? Qual seria?

Parte C: A estilística e a gramática com estilo

4. Dê o nome de dois países que começam com a letra "U". Como se chamam os habitantes desses países? Agora, escreva algo que você saiba sobre um desses países e/ou os seus cidadãos.
5. Dê o plural das seguintes palavras:

   Útil — Órfão
   Cartaz — Tentação

6. O que significa "dica"? Vamos adivinhar! Dê algumas dicas para o resto da turma e todos tentarão adivinhar o que você está escondendo.
7. Conjugue os seguintes verbos no presente do subjuntivo e depois crie frases originais no subjuntivo:

Oferecer
Cumprir
Ver

8. Escreva os números ordinais do 1 ao 20.

   Ex.: O primeiro andar
   O ____________ andar, etc.

Revisão: o gênero em português

Como nas demais línguas neolatinas, determinar o gênero de uma palavra pode ser uma tarefa desafiadora. As palavras podem ser masculinas, femininas e invariáveis.

Não existe uma regra precisa para determinar o gênero de uma palavra. No entanto, muito pode ser inferido examinando-se o final das palavras.

Geralmente palavras terminadas em **–o**, **-im**, **-om**, **-um**, **-or,** **-l** são masculinas:

Banheiro	Um
Amendoim	Amor
Bom	Papel

Geralmente palavras terminadas em **–a**, **-ice**, **-ção**, **-gem**, **-ez,** **-iz** , **-dade**, **-tude** são femininas:

Pessoa	Polidez
Burrice	Atriz
Civilização	Atitude
Viagem	

Atenção: há muitas palavras que fogem às regras acima como, por exemplo, "o coração" e "a mão". Palavras terminadas em "a" acentuado "o Canadá" são masculinas.

Há um grande número de palavras invariáveis:

Urgente	Quente	Dentista
Inteligente	Visitante	Atleta
Estudante	Colega	Artista

Prática

9. Preencha o quadro abaixo com palavras que apareceram nos verbetes/crônicas deste livro:

Palavras masculinas terminadas em	Palavras femininas terminadas em	Palavras invariáveis	Exceções
–o -im -om -um -or -l	–a -ice -ção -gem -ez -iz -dade -tude		

Figuras de linguagem

Neste capítulo vamos estudar três figuras de linguagem: o hipérbato, a pergunta retórica e o trocadilho.

a. hipérbato: transposição ou inversão da ordem natural das palavras de uma oração, para efeito estilístico.
b. pergunta retórica: interrogação que não tem o objetivo de obter uma informação ou uma resposta. Este recurso estilístico é usado para criar interesse nos espectadores, ouvintes ou leitores e enfatizar uma conclusão já sabida de antemão.
c. trocadilho: uso de expressão ou palavra que dá margem a diversas interpretações.

Prática

10. Escreva os nomes das figuras de linguagem expressas nas seguintes passagens.
    - "O que pode ser urgente para um turista?"
    - "[...] cumpriu seu papel (higiênico!) [...]"
    - "Só os clientes do dia podem ser atendidos, adverte um cartaz [...]"
11. Agora é sua vez! Construa uma oração usando uma das figuras de linguagem que acabamos de aprender.
12. Escreva sua letra "U" para incluir em seu *Dicionário do viajante insólito.*

Portuguese-English Vocabulary List

Substantivos

Banheiro *m*	bathroom, restroom
Compromisso *m*	commitment
Dica *f*	clue, hint
Lista *f*	list
Órfão(ã) *m/f*	orphan
Papel higiênico *m*	toilet paper
Prata *f*	silver
Toalha de papel *f*	paper towel
Torneira *f*	faucet

Adjetivos

Apertado(a) *m/f*	tight (to really need to go to the bathroom)
Belíssimo(a) *m/f*	very beautiful, most beautiful
Desumano(a) *m/f*	inhumane
Especializado(a) *m/f*	specialized
Frio(a)*m/f*	cold
Problemático(a) *m/f*	problematic

Verbos

Acrescentar	to add
Advertir	to warn
Pretender	to intend
Resolver	to resolve

V de Ver

Ver, é o que o turista sobretudo deseja. Ver tal ou qual paisagem, tal ou qual museu, tal ou qual igreja. O turista é um grande e guloso olho que viaja pelo mundo. Um olho que não confia em si mesmo; daí a máquina fotográfica e a câmera de vídeo que o turista sempre leva a tiracolo. E que utilizará sempre, mesmo nos locais proibidos; não há nada que deixe um turista fotomaníaco mais feliz do que tirar uma foto com *flash* num museu cujos cartazes proíbem-no expressamente.

Mas não é o quadro do museu o grande objeto de seu desejo. É o panorama, a paisagem, a vista. A aflição do visitante comunica-se aos nativos, que querem, de qualquer maneira, mostrar alguma coisa que seja arrebatadora. Numa cidade como Porto Alegre, que não tem as belezas do Rio ou de Salvador, nem os monumentos históricos de Ouro Preto, esse problema torna-se ainda mais agudo. Solução tem sido os nossos crepúsculos, que, vistos do Morro Santa Teresa, são espetaculares — ou pelo menos assim achamos. Mário Quintana contava que certa vez para lá levou Marques Rebelo, que, na ocasião, visitava a cidade. O escritor carioca assistiu ao pôr-do-sol em silêncio. Na volta, escreveu no jornal: “Como eles não têm nada para mostrar, ficam falando dos tais crepúsculos”.

Marques Rebelo certamente não tinha uma máquina fotográfica. E por isso foi poupado do problema enfrentado por um médico de Porto Alegre. Esse doutor foi a um congresso em Atenas. Fotografou muito, *slides* principalmente, que pretendia mostrar aos amigos. Na volta, marcou um jantar, convidou um bom público e mandou o filho buscar os *slides,* que ficaram prontos só poucas horas antes. Quando começou a projetá-los, ficou horrorizado: eram *slides* de ruínas, sim, mas não eram os seus *slides:* tinha havido uma troca e, por uma espantosa coincidência, ele recebera o material de algum outro turista — que fizera as fotos sabe lá onde.

Mas ele não se deixou desanimar. Ruínas são ruínas, e as do seu rival (ou companheiro) eram tão inespecíficas, que bem podiam estar em Atenas. De modo que ele as foi descrevendo, e acrescentando às descrições comentários sobre a mitologia grega. A sessão foi um sucesso. Mas, convenhamos, está longe de ser uma experiência recomendável.

Parte A: Desencadeando a fala antes da leitura

1. Você leva sua máquina fotográfica quando viaja? Você tira fotografias do quê? Dos edifícios? Das pessoas? Das praias? Do que você jamais tira fotografias?
2. Quem são Mário Quintana e Marques Rebelo?

Parte B: Desencadeando a fala após a leitura

3. Faça, oralmente, um resumo do verbete/crônica “V” do Dicionário.
4. O que aconteceu com o doutor que foi para Atenas? Como ele ‘resolveu’ a situação?
5. O que significa crepúsculo? Você já viu um crepúsculo espetacular? Onde?
6. Qual foi a foto mais incrível que você já tirou (ou que alguém tirou e deu para você) na sua vida? Por quê? Se você puder (e quiser) traga-a para a aula de Português.

Parte C: A estilística e a gramática com estilo

7. Dê o nome de um país que começa com a letra “V”. Como se chamam os habitantes desse país? Agora, escreva algo que você saiba sobre esse país e/ou os seus cidadãos.
8. Quais são os dois significados da palavra ‘agudo?’ Escreva duas frases novas e distintas com a palavra ‘agudo.’
9. Qual é o significado de ‘poupado’ no texto? Escreva uma frase original com esta palavra.

10. Coloque os seguintes verbos no presente do subjuntivo e escreva frases originais para dois deles:

    utilizar   ficar
    ver   ser
    escrever

Revisão: crase

A crase consiste na contração de duas vogais. Em português, apenas duas vogais "a" podem formar a crase. A crase é representada pelo acento grave - ` - que se coloca sobre o "a" = à. A crase é usada somente antes de substantivo feminino determinado, e regido da preposição "a". Portanto, ocorre nos seguintes contextos:

a. Fusão da preposição "a" com o artigo feminino "a".
b. Fusão da preposição "a" com o pronome demonstrativo "a".
c. Fusão da preposição "a" com o "a" que inicia os demonstrativos aqueles, aquela, aquilo, aquelas.

Exemplos:

Vou à praia = Ir a + a praia

O verbo ir pede a preposição "a" e o substantivo "praia" pede o artigo feminino "a".

Dei uma câmera de vídeo àquele turista = Deu uma câmera de vídeo a aquele turista.

Prática

11. Coloque crase quando necessário. Justifique.

a. Refiro-me aquela bela paisagem de Porto Alegre.
b. Vou a Porto Alegre
c. Estava a caminho do Morro Santa Tereza
d. Vou a Bahia
e. Quero ver o pôr-do-sol a não ser que você tenha uma proposta melhor.
f. Nem tanto a terra nem tanto ao mar

Figuras de linguagem

Neste capítulo vamos estudar três figuras de linguagem: a sinédoque, a ironia e a antonomásia.

a. sinédoque: substituição de um termo por outro, em que os sentidos destes termos têm uma relação de extensão desigual (ampliação ou redução).
b. ironia: recurso por meio do qual se diz o contrário do que se quer dar a entender.
c. antonomásia: variedade de metonímia que consiste em substituir um nome de objeto, entidade, pessoa etc. por outra denominação que caracterize uma qualidade universal ou conhecida do possuidor.

Prática

12. Escreva o nome das figuras de linguagem expressas nas seguintes passagens.
    - "O escritor carioca assistiu ao pôr-do-sol em silêncio".
    - "Um olho que não confia em si mesmo".
    - "Solução tem sido nossos crepúsculos".
13. Agora é sua vez! Construa uma oração usando uma das figuras de linguagem que acabamos de aprender.
14. Escreva sua letra "V" para incluir em seu *Dicionário do viajante insólito.*

Portuguese-English Vocabulary List

Substantivos

Aflição *f*	affliction
Crepúsculo *m*	twilight, dusk
Cartaz *m*	poster
Paisagem *f*	landscape, view, scenery
Pôr-do-sol *m*	sunset
Vista *f*	view

Adjetivos

Arrebatador(a) *m/f*	ravishing, charming
Espetacular *m/f*	spectacular
Guloso(a) *m/f*	glutton

Verbos

Assistir à	to watch
Buscar	to get
Mostrar	to show
Poupar	to save
Proibir	to prohibit

W de Wunderkammer

Algum tempo depois da descoberta da América, surge o Wunderkammer, o gabinete das maravilhas. Pessoas ricas tinham em suas casas uma sala dedicada especialmente a objetos trazidos de regiões longínquas, sobretudo do Novo Mundo: armas de índios, cabeças encolhidas, animais exóticos empalhados, coisas no gênero. Foi o sonho, aliás, de um norte-americano chamado Robert Ripley, que durante décadas viajou pelo mundo coletando objetos curiosos e descrevendo-os em sua coluna jornalística ilustrada, *Believe it or not*. Os troféus de Ripley deram lugar a um museu que está em San Francisco e onde se pode ver uma "sereia" mumificada — na verdade a parte superior de um macaco costurada à parte inferior de um peixe.

O sonho de todo turista é ter o seu Wunderkammer, sobretudo para mostrar aos amigos. Mas como as maravilhas são cada vez mais escassas, ele se contenta com o lixo turístico: miniaturas da Torre Eiffel e da Estátua da Liberdade, esferográficas com nomes de cidades. O que se há de fazer? Até mesmo o suvenir foi massificado. São raras as oportunidades em que se conseguem objetos que, por si sós, contam uma história, ou pelo menos sugerem uma história. Como a chave que eu comprei no mercado árabe de Jerusalém, uma chave enorme, com jeito de antiga (sobre chaves que têm jeito de antigas, mas não são antigas, ver abaixo), e que incendiou minha imaginação: que portas teria aberto aquela chave? A porta de uma casa que hospedou Jesus? A porta da casa do Sumo Sacerdote? O negociante não me acompanhou nas especulações; limitou-se a sorrir quando eu lhe disse, espero que esta seja a chave da paz.

Comprei várias outras chaves, depois. Sempre acreditando, ou querendo acreditar, que se tratava de antiguidades; sempre acreditando, ou querendo acreditar, que cada uma delas me remetia a um passado longínquo e misterioso. Mas em Ouro Preto entrei num antiquário a cuja porta tive de deixar, parafraseando a inscrição do inferno de Dante, toda a minha inocência. Havia, sim, chaves à venda; muitas, dezenas delas; mais chaves ali naquela loja do que casas em Ouro Preto. A dúvida assomou dentro de mim, aquele tipo de dúvida que, uma vez surgida, não mais desaparece. E eu fiz uma pergunta à jovem que tomava conta da casa; uma pergunta cuja resposta, eu bem sabia, destruiria o resto de ilusão que, com relação a chaves, eu ainda conservava; uma pergunta capaz de destruir o meu Wunderkammer. Mas todos temos em nós a semente da auto-aniquilação, e, assim, quando eu dei por mim, já estava indagando:

— É muito antiga esta chave?

A jovem me olhou. Mascando chiclete, ela não tinha a menor idéia do conflito que se desenrolava dentro do turista. E foi com imenso descaso que respondeu:

— É, sim, é bem antiga.

Naquele momento eu ainda podia me salvar: batendo em retirada, comprando a chave sem mais delongas. Mas quem quer se salvar? Nós queremos é perguntar:

— Antiga de quanto tempo? — insisti.

Suspirou, mortalmente enfastiada:

— Bem antiga. Está aí há mais de mês.

Com o que as chaves foram para sempre eliminadas da lista de objetos do meu desejo. Por algum tempo esqueci o gabinete das maravilhas. Até o dia em que, perto da estação ferroviária de Frankfurt, passei diante da lojinha de um russo. Os russos estavam chegando, então, fugindo do naufrágio comunista, e havia muitos deles em Frankfurt. Alguns eram vendedores ambulantes. Outros tocavam violino nas praças. E uns poucos, como aquele senhor gordo e idoso, tinham tido a sorte de abrir uma loja. Especializada, aliás; e o que me atraiu foi justamente a mercadoria na qual se especializava.

Medalhas. Medalhas soviéticas. Medalhas do trabalho; medalhas que, no passado, tinham premiado a dedicação à causa, à crença num mundo melhor a ser conquistado com esforço e dedicação. Medalhas que agora estavam ali, em caixas de papelão, às dezenas, às centenas.

Perguntei o preço de uma. Custava o equivalente a uns vinte e cinco dólares. Não é caro, ponderou o homem, acrescentando:

— É prata. Pura prata.

Era o argumento que lhe tinha ocorrido. Não disse: isto é o símbolo de uma época, isto é a síntese de uma vida, isto é a expressão de um ideal. Não. Para ele, a medalha agora valia o seu preço porque era de prata.

Comprei-a. Está no meu gabinete das maravilhas. Maravilha nem sempre é uma coisa que aconteceu. Maravilha, muitas vezes, é uma coisa que poderia ter acontecido e não aconteceu.

Parte A: Desencadeando a fala antes da leitura

1. Faça uma pequena lista de souvenires (lembrancinhas) que podemos comprar quando estamos viajando.
2. O que é um Wunderkammer? Você tem um Wunderkammer? O que você tem nele?

Parte B: Desencadeando a fala após a leitura

3. Faça, oralmente, um resumo do verbete/crônica "W" do Dicionário.
4. Você coleciona algum objeto quando viaja? Diga-nos.
5. O narrador menciona que "Maravilha, muitas vezes, é uma coisa que poderia ter acontecido e não aconteceu". Você concorda? Discuta.
6. Existe a famosa lista das sete maravilhas do mundo. Se você criasse esta lista, quais seriam as sete maravilhas na sua opinião? Pode ser um lugar, um prédio, ou um objeto.
7. O narrador deixa 'toda a sua inocência' na porta dum antiquário em Ouro Preto. E você? Qual experiência, em termos de viagem, desmistificou um significado para você?
8. Assim como o narrador, que pergunta você fez na vida que gostaria de não ter feito?

Parte C: A estilística e a gramática com estilo

9. Dê o nome de um país e/ou cidade que começa(m) com a letra "W". Como se chamam os habitantes desse lugar? Agora, escreva algo que você saiba sobre esse lugar e/ou os seus cidadãos.
10. Coloque o seguinte parágrafo no futuro:

    Comece com – O sonho de todo turista é ter seu Wunderkammer... (p. 155)

    E termine com ... ou pelo menos sugerem uma história. (p. 155)

11. Você compra coisas de vendedores ambulantes? O que, por exemplo?
12. O que é escasso na sua vida? Dê exemplos.

Revisão: "fazer" vs. "haver"

- Use **faz** ou **há** + tempo transcorrido + que + presente do indicativo para indicar uma ação iniciada no passado, mas que continua a desenrolar-se no presente.

  Faz dez anos que vou a Ouro Preto no mês de outubro.

  Há dez anos que vou a Ouro Preto no mês de outubro.

- Não use **que** caso a oração comece com o presente do indicativo do verbo principal.

  Vou a Ouro Preto no mês de outubro faz dez anos.

  Vou a Ouro Preto no mês de outubro há dez anos.

- Não use **que** caso a oração esteja no pretérito perfeito do indicativo.

  Fui a Ouro Preto no mês de outubro faz dez anos.

  Fui a Ouro Preto no mês de outubro há dez anos.

Prática

13. Encontre alguém na turma que:

    a. Faz muito tempo que quer conhecer o Brasil ...
    b. Foi ao Brasil há alguns meses atrás ...
    c. Estudou português faz dois anos, parou e agora está recomeçando ...
    d. Há duas semanas decidiu fazer uma viagem ...
    e. Faz tempo que coleciona objetos comprados em viagens ...
    f. Há anos que coleciona algo. O quê? ...
    g. Conhece alguém que coleciona medalhas ...

Figuras de linguagem

Neste capítulo vamos estudar três figuras de linguagem: a pergunta retórica, o paralelismo e a metáfora.

a. pergunta retórica: interrogação que não tem o objetivo de obter uma informação ou uma resposta. Este recurso estilístico é usado para criar interesse nos espectadores, ouvintes ou leitores e enfatizar uma conclusão já sabida de antemão.
b. metáfora: consiste em identificar dois termos entre os quais existe alguma relação de semelhança.
c. paralelismo: seqüência de frases com estruturas gramaticais idênticas.

Prática

14. Escreva o nome das figuras de linguagem expressas nas seguintes passagens.
    - "[...] estão fugindo do naufrágio comunista".
    - " O que se há de fazer"?
    - "Sempre acreditando, ou querendo acreditar, [...] Sempre acreditando, ou querendo acreditar, [...]".
15. Agora é sua vez! Construa uma oração usando uma das figuras de linguagem que acabamos de aprender.
16. Escreva sua letra "W" para incluir em seu Dicionário do *viajante insólito.*

Portuguese-English Vocabulary List

Substantivos

Arma *f*	gun
Chave *f*	key
Chiclete *m*	chewing gum
Descaso *m*	negligence, inattention; disregard
Gabinete *m*	office, cabinet; ministry, body of ministers
Inferno *m*	hell, inferno
Lixo *m*	trash
Macaco(a) *m/f*	monkey
Medalha *f*	medal
Naufrágio *m*	shipwreck
Negociante *m/f*	negotiator, business person
Peixe *m*	fish
Prata *f*	silver
Semente *f*	seed
Sereia *f*	mermaid
Troféu *m*	trophy

Adjetivos

Antigo(a) *m/f*	old, antique
Empalhado(a) *m/f*	stuffed
Enfastiado(a) *m/f*	bored, annoyed
Enorme *m/f*	enormous, huge
Escasso(a) *m/f*	scarce; scanty; rare, uncommon
Mumificado(a) *m/f*	mummified

Verbos

Acompanhar	to accompany
Acreditar	to believe
Conseguir	to get, to manage
Contentar-se	to be happy, to be content
Costurar	to sew
Destruir	to destroy
Esperar	to wait
Incendiar	to set on fire
Limitar-se	to limit oneself
Mascar	to chew
Remeter	to remit, to send, to forward, to mail, to post
Sorrir	to smile

X de Xadrez

Em matéria de peças de xadrez há verdadeiras obras de arte, como se pode constatar em vários museus. Mas nenhuma me impressionou tanto como a que vi na Sala 42 do Museu Britânico, em Londres. Ali existe um grupo de peças talhadas em marfim de morsa, encontradas em 1331 na Ilha Lewis. O estilo é escandinavo, a época de confecção provavelmente remonta ao século doze. Como chegaram tais peças às Ilhas Britânicas é um mistério.

A figura mais estranha é a de um rei. Sentado, com a coroa na cabeça e segurando a espada com as duas mãos, o rei mira. O que ele mira, não se sabe; mas a expressão de seu olhar é fantástica: um olhar um pouco perplexo, um pouco angustiado, um pouco resignado — o olhar menos real que se poderia imaginar. O olhar de quem se pergunta: Deus, o que faço aqui? (A pergunta que todo rei em algum momento se faz; a pergunta que todos nós, em algum momento, nos fazemos.)

Eu fiquei muito tempo diante daquele rei. E quando saímos, a expressão de seu olhar continuava a me perseguir. Pedi que minha mulher esperasse, voltei ao museu; eu queria comprar uma foto do monarca para, ao menos, lembrar-me dele.

Foto não havia. Havia reproduções das várias peças. Fui até o balcão, perguntei pelo rei. Acabei de vender o último, disse a moça, mostrando a senhora que acabava de adquiri-lo.

Foi tão grande a minha decepção que a velha e digna dama se apiedou do pobre estrangeiro. O senhor quer muito esse rei, não é verdade?, perguntou, sorrindo. Eu tive de confessar: sim, eu queria muito aquele rei. Sem vacilar, ela me pôs na mão a sacola plástica com a peça de xadrez:

— Fique com ele. Eu venho aqui seguido, posso comprá-lo em outra ocasião.

O rei está em minha casa. Lembra-me o gesto de uma senhora inglesa que é, penso, a única justificativa para a existência da realeza.

Parte A: Desencadeando a fala antes da leitura

1. Você joga xadrez? Tem algum jogo que você joga com uma certa freqüência?
2. Você já viu numa de suas viagens algum objeto que você simplesmente tinha que obter? Qual objeto?

Parte B: Desencadeando a fala após a leitura

3. Faça, oralmente, um resumo do verbete/crônica "X" do Dicionário.
4. Por que o narrador ficou fascinado com o rei do jogo de xadrez?
5. Você já se perguntou "O que faço aqui"?
6. Alguém durante uma viagem já fez um gesto como o da dama nesta crônica? Descreva o acontecimento.
7. Algo já o perseguiu como o olhar do rei perseguiu o narrador? Dê um exemplo.
8. O narrador descreve o rei como tendo um olhar " o menos real que se poderia imaginar." Descreva uma pessoa que tem um jeito del contrário do que você poderia imaginar para aquela pessoa. Por exemplo, um presidente que não tem nada de presidencial.
9. A dama da crônica se apiedou do narrador. Você já se apideou de alguém enquanto viajava? Descreva o acontecimento.

Parte C: A estilística e a gramática com estilo

10. Dê o nome de um país e/ou cidade que começa(m) com a letra "X". Como se chamam os habitantes desse lugar? Agora, escreva algo que você saiba sobre esse lugar e/ou os seus cidadãos.
11. Quais são as diferenças entre "olhar", "mirar" e "ver". Crie frases originais para cada uma dessas palavras.

Revisão: imperativo

Para formar o imperativo, basta substituir o "o" da primeira pessoa do singular do presente do indicativo por "e" (verbos em "ar") e "a" (verbos em "er" e "ir")

"Vacilar"	"Correr"	"Perseguir"
Eu vacilO	Eu corrO	Eu persigO
VacilE (você)	CorrA	PersigA
VacilEm (vocês)	CorrAm	PersigAm

Há somente cinco imperativos irregulares

Ser – seja/sejam

Estar – esteja/estejam

Dar – Dê/Dêem

Saber – Saiba/Saibam

Querer – Queira/Queiram

Prática

12. Você vai ao Brasil passar todo o mês de janeiro. Peça conselhos a um amigo sobre diferentes aspectos da viagem.

MODELO: levar apenas roupas de verão
VOCÊ: Levo apenas roupas de verão?
AMIGO: Leve, sim. Faz muito calor.

a. ir ao Museu Afro Brasil em São Paulo
b. visitar a Ópera de Manaus
c. comer açaí
d. dançar na Lapa
e. reservar um dia todo para conhecer o Pelourinho
f. almoçar em uma boa churrascaria em Porto Alegre
g. ficar uns dias no Pantanal

Figuras de linguagem

Neste capítulo vamos estudar três figuras de linguagem: a hipérbole, o trocadilho e a metagoge.

a. trocadilho: uso de expressão ou palavra que dá margem a diversas interpretações
b. hipérbole: ênfase exagerada.

c. metagoge: atribuição de características peculiares dos seres humanos aos animais e às coisas inanimadas.

Prática

13. Escreva o nome das figuras de linguagem expressas nas seguintes passagens.
    - "[...] o olhar menos real que se poderia imaginar".
    - "[...] a expressão de seu olhar continuava a me perseguir".
    - "[...] uma senhora inglesa que é, penso, a única justificativa para a existência da realeza".
14. Agora é sua vez! Construa uma oração usando uma das figuras de linguagem que acabamos de aprender.
15. Escreva sua letra "X" para incluir em seu *Dicionário do viajante insólito.*

Portuguese-English Vocabulary List

Substantivos

Coroa *f*	crown
Espada *f*	sword
Marfim *m*	ivory
Monarca *m*	monarch
Rei *m*	king
Sacola *f*	bag
Xadrez *m*	chess

Adjetivos

Angustiado(a) *m/f*	anguished
Perplexo(a) *m/f*	perplexed
Resignado(a) *m/f*	resigned

Verbos

Adquirir	to acquire
Confessar	to confess
Perseguir	to follow closely, to chase; to persecute; to harass
Remontar	to ascend, to go up, to repair, mend; to speak about something long forgotten or dead persons; to cause to take refuge in the mountains
Segurar	to hold
Talhar	to shape; to sculpt, to chisel

Y de Yard Sale

Quem vai aos Estados Unidos, e sobretudo quem vai a uma pequena cidade, descobre que dá para comprar muita coisa útil e surpreendente nas *yard sales.*

É uma tradição americana, esta, a venda no jardim. Ou porque está se mudando, ou porque precisa de alguma grana, ou porque quer se livrar de coisas, a família dispõe-se a passar o sábado na frente da casa, vendendo os objetos mais variados: roupas, livros, eletrodomésticos, antigüidades. É parecido com o brique da Redenção: só que no caso as pessoas, por assim dizer, se expõem mais. Com o que não estão absolutamente se importando. É trabalho, e trabalho faz parte da tradição puritana americana, assim como faz parte dessa tradição ganhar dinheiro. Uma elegante senhora não sente vergonha nenhuma de receber 25 cents por um livro usado ou meio dólar por uma blusa.

Um sábado de manhã saí para um passeio pela cidade de Providence. Meu propósito — fazer um pouco de exercício — viu-se frustrado: a cada quarteirão eu parava numa *yard sale,* lutando contra a tentação consumista. E era preciso lutar muito: uma máquina de escrever, usada mas perfeitamente conservada, por dois dólares; uma antologia da literatura inglesa por 50 cents; um rádio portátil por 75 cents... Resisti o quanto pude, mas acabei me rendendo a uma antiguidade: uma caixinha de música que tocava Mozart e custava um dólar. No entanto, como eu precisava caminhar — a essa altura o sentimento de culpa era grande — pedi à senhora que guardasse a caixinha até a minha volta.

Andei muito, nessa manhã de sábado. A cidade não é tão pequena, tem 250 mil habitantes, e o bairro também é bastante grande. Passei por incontáveis casas com *yard sales*. No final, tanto as casas como os objetos à venda, e as pessoas que os vendiam, tudo tudo me parecia absolutamente igual; o que não é de admirar, pois se há povo que tende à uniformidade, esse povo é o americano. Decidi, pois, regressar, apanhar a minha caixinha de música e voltar para casa.

Mas quem é que disse que eu achava a *yard sale* onde tinha comprado a tal caixinha? Eu não anotara o endereço, confiando no meu senso de orientação. Que, no caso, se revelou lamentavelmente falho. Eu não achava a caixinha nem a rua, nem nada. E como tínhamos convidados para almoçar, acabei voltando — de mãos vazias.

Não faz mal. O espírito puritano me garante que a senhora não venderá o objeto a ninguém. Ele ficará a minha espera até que o acaso me conduza de novo à casa de *yard sale*. E se isso não acontecer, é bem possível que um dia o carteiro, em Porto Alegre, me entregue um pequeno pacote. Antes mesmo de abri-lo, ouvirei Mozart. A mão que chegou ao Vietnã chegará também a Porto Alegre.

Parte A: Desencadeando a fala antes da leitura

1. Faça uma pequena lista de eletrodomésticos e nos diga qual é o seu preferido.
2. Você já comprou alguma coisa num *yard sale*? Você já vendeu alguma coisa num *yard sale*?

Parte B: Desencadeando a fala após a leitura

3. Faça, oralmente, um resumo do verbete/crônica "Y" do Dicionário.
4. O narrador faz uma série de comentários sobre os americanos e os Estados Unidos. Identifique os comentários e nos dê o seu ponto de vista sobre a visão do narrador em relação aos Estados Unidos e o seu povo.
5. Por que vocês acham que não há *yard sales* no Brasil?
6. Você concorda com a afirmação do narrador sobre o espírito puritano?

Parte C: A estilística e a gramática com estilo

7. Dê o nome de um país e/ou cidade que começa com a letra "Y". Como se chamam os habitantes desse lugar? Agora, escreva algo que você saiba sobre esse lugar e/ou os seus cidadãos.

8. Conjugue os seguintes verbos no presente do indicativo:

   Dispôr
   Descobrir
   Sentir

9. Coloque as palavras entre parêntesis no plural e depois responda às seguintes perguntas:

   a. A quantos ____________ (quarteirão) você mora do seu trabalho ou da sua universidade?
   b. Quais são as suas grandes ____________ (tentação)?
   c. Você tem objetos ____________ (portátil?) Dê dois exemplos.

Revisão: conjunções coordenativas

As conjunções são palavras invariáveis que ligam duas orações ou termos de mesma função na oração. As conjunções coordenativas dividem-se em cinco tipos: aditivas, adversativas, alternativas, conclusivas, explicativas.

Há apenas duas conjunções aditivas: "e" e "nem". A primeira une duas afirmações e a segunda duas negações.

As adversativas ligam dois termos ou duas orações de igual função, mas acrescenta uma idéia de contraste. São elas: mas, porém, contudo, todavia, entretanto, no entanto, não obstante.

As alternativas expressam uma relação de alternância, tanto por incompatibilidade dos termos ligados como por equivalência dos mesmos. São elas: ou ... ou ,ora ... ora ,já ... já ,quer ... quer ,seja ... seja.

As conclusivas indicam, obviamente, conclusão. As mais freqüentes são: portanto, logo, por isso, então.

As explicativas são usadas quando a segunda oração explica a primeira. São elas: que, porque, porquanto, pois.

Prática

10. Encontre no texto pelo menos três exemplos de conjunções coordenativas:
11. Agora é sua vez. Escreva três frases contendo conjunções coordenativas.

Figuras de linguagem

Neste capítulo vamos estudar três figuras de linguagem: o hipérbato, a hipérbole e a metonímia.

a. hipérbole: ênfase exagerada.
b metonímia: figura de linguagem que consiste no emprego de um termo por outro, dada a relação de semelhança ou a possibilidade de associação entre eles.
c. hipérbato: transposição ou inversão da ordem natural das palavras de uma oração, para efeito estilístico.

Prática

12. Escreva o nomes das figuras de linguagem expressas nas seguintes passagens.
    - "A mão que chegou ao Vietnã chegará também a Porto Alegre".
    - "É uma tradição americana, esta, a venda no jardim".
    - "O espírito puritano me garante que a senhora não venderá o objeto a ninguém".
13. Agora é sua vez! Construa uma oração usando uma das figuras de linguagem que acabamos de aprender.
14. Escreva sua letra "Y" para incluir em seu *Dicionário do viajante insólito.*

Portuguese-English Vocabulary List

Substantivo

Grana *f*	money (*slang*)
Jardim *m*	garden
Pacote *m*	package
Vergonha *f*	embarassment

Adjetivos

Útil *m/f*	useful
Surpreendente *m/f*	surprising; astonishing
Elegante *m/f*	elegant

Verbos

Dispor-se	to be ready for anything
Entregar	to take to something, to give yourself up to something
Expor-se	to expose oneself
Mudar	to move, to change
Render-se	to surrender

Z de Zebra

Uma zebra: foi exatamente isso que o filho (dez anos) de um conhecido empresário pediu ao pai, que estava viajando para a África do Sul. Uma zebra viva, sim, mas havia atenuantes: ele não queria o animal adulto, uma zebrinha, e com ela substituiria o pônei que costumava montar e que, além de velho, era um quadrúpede perfeitamente convencional, de coloração igual a qualquer eqüino. Em favor do genitor, deve-se dizer

que ele não trouxe a zebra. Não por causa do dinheiro, mas porque não queria ser acusado de um atentado contra a fauna exótica.

Ah, as encomendas. Abrangem um espectro de proporções inimagináveis que vão desde a filmadora até o pastrami vendido numa *delicatessen* de Nova Iorque, cujo endereço eu não sei bem, mas é muito fácil encontrar, a gente vai até o Bronx, e aí toma um trem, etc. Isso quando o artigo encomendado pode ser descrito; às vezes é aquela pecinha que encaixa no relê do transdutor de um aparelho que já não existe mais, mas que se a pessoa procurar bem... Mas pecinha pelo menos é portátil. Pior quando a encomenda exige uma embalagem só para ela. Amigo meu tinha um parente que uma vez lhe pediu dois pares de patins, para seus garotos mais novos. Dois pares de patins: encheram uma maleta, mas ele trouxe. Na viagem seguinte, o parente pediu mais dois pares de patins: os filhos mais velhos, enciumados, estavam brigando com os menores. Para evitar uma tragédia doméstica, o meu amigo trouxe os dois pares de patins, esperando que aquilo encerrasse a demanda. Engano: quando se aprontava para viajar outra vez, apareceu o parente. Mas eu já trouxe patins para todos os teus filhos, reclamou o meu amigo. Sorridente, o parente explicou que a mulher tinha dado à luz gêmeos e ele, previdente, queria providenciar os patins antes que os nenês crescessem. Mas dessa vez o meu amigo recusou: tu não precisas de patins, disse, precisas de uma vasectomia.

O problema com as encomendas não é só trazer, às vezes é levar também. Um porto-alegrense que viajou para Fortaleza recebeu, no hotel, telefonema de um gaúcho que tinha família no Sul e que queria mandar um presente. Pode trazer, disse o emissário "malgré lui". Saiu e, quando voltou, encontrou a encomenda: uma caixa de um metro de altura por outro tanto de largura e de profundidade.

Continha, de acordo com o bilhete que a acompanhava, nada mais nada menos que uma sela de camelo. Explicação: o remetente fizera parte do batalhão Suez, a força de paz da ONU estacionada no Egito — que acontece ser a terra dos camelos. Daí o suvenir.

Num primeiro momento, nosso amigo ficou indignado. Depois, resolveu trazer a encomenda sem protestar. Afinal, podia dar-se por feliz: se tivesse de trazer o camelo seria muito pior. Ou uma zebra.

Parte A: Desencadeando a fala antes da leitura

1. Alguém já lhe fez um pedido impossível? Qual foi o pedido mais absurdo que já lhe fizeram? Conte para a turma.
2. Você já comprou alguma coisa para si mesmo/a difícil de carregar? Diga-nos.

Parte B: Desencadeando a fala após a leitura

3. Faça, oralmente, um resumo do verbete/crônica "Z" do Dicionário.
4. O que você teria gostado de encomendar a alguém, mas que não teve coragem de pedir?
5. Você costuma comprar presentes para os outros quando viaja? No Brasil costumamos trazer lembrancinhas de viagens para os amigos.

Parte C: A estilística e a gramática com estilo

6. Dê o nome de um país e/ou cidade que começa com a letra "Z". Como se chamam os habitantes desse lugar? Agora, escreva algo que você saiba sobre esse lugar e/ou os seus cidadãos.

7. Coloque os seguintes verbos no presente do subjuntivo e escreva uma frase original para cada verbo.

    Montar
    Substituir
    Querer

8. Alguém já aprontou alguma com você? Você já aprontou alguma com alguém?
9. Dê um antônimo para a palavra "convencional" e escreva uma frase original com o antônimo da mesma. Você conhece alguém convencional? Quem?

Revisão: preposições

Trata-se de uma palavra invariável que liga termos ou orações

Exemplos:

Atentado contra a fauna exótica.
Embalagem para a zebra.
Problema com as encomendas.
Precisa de patins.
Viajou para Fortaleza.

Há dois tipos de preposições: simples e compostas (locução prepositiva).

Preposições simples

Português	Inglês
A	at, to
Ante	before
Após	after
Até	up to, until
Com	with
Contra	against
De	of, from, about
Desde	since, from
Em	in, on, at
Entre	between, among
Para	for, to, towards
Por	for, by, through
Perante	before
Sem	without
Sob	below, under
Sobre	on, on top of, about
Trás	behind

Preposições compostas ou "locuções prepositivas": duas ou mais palavras que desempenham o papel de uma preposição. Nessas locuções, a última palavra é sempre preposição.

Português	Inglês
À frente de	at the front (of)
Além de	beyond, besides
Antes de	before
Ao redor de	around
Através de	through, across
Atrás de	behind
À volta de	around, about
Debaixo de	under
Defronte de	opposite
Dentro de	inside
Depois de	after
Detrás de	behind
Em cima de	on top of
Em frente de	in front of
Em volta de	around, about
Fora de	outside
Longe de	far (from)
Perto de	near
Por cima de	over, above
Por dentro de	(from) inside
Por volta de	around, about
Graças a	thanks to
Junto a	with, near
De acordo com	according to

Prática

10. Complete com a preposição adequada:

Gabriela: Detesto trazer e levar encomendas ___________ minhas viagens!

Cauê: Nossa, que egoísmo! Você nunca faz nada ___________ ajudar os outros.

Gabriela: ___________ falar isso, pense um pouco.

Cauê: Não tenho nada ___________ você. Mas, acho que esse é seu ponto fraco.

Gabriela: Você não sabe, mas ____________ mim muitas pessoas já conseguiram remédios que normalmente não são vendidos nesse país.

Cauê: Como assim?

Gabriela: Detesto encomendas de futilidades, mas ____________ minha mala sempre há lugar ____________ trazer e levar coisas realmente necessárias.

Cauê: Mil desculpas ...

Gabriela: Tudo bem. Da próxima vez, pense um pouco ____________ falar.

Figuras de linguagem

Neste capítulo vamos estudar três figuras de linguagem: o hipérbato, a ironia e o trocadilho.

a. hipérbato: transposição ou inversão da ordem natural das palavras de uma oração, para efeito estilístico.
b. ironia: recurso por meio do qual se diz o contrário do que se quer dar a entender.
c. trocadilho: uso de expressão ou palavra que dá margem a diversas interpretações

Prática

11. Escreva os nomes das figuras de linguagem expressas nas seguintes passagens.
    - "Amigo meu tinha um parente que [...]"
    - "Afinal, podia dar-se por feliz: se tivesse de trazer o camelo seria muito pior. Ou uma zebra".
    - "Uma zebra viva, sim, mas havia atenuantes [...]"
12. Agora é sua vez! Construa uma oração usando uma das figuras de linguagem que acabamos de aprender.
13. Escreva sua letra "Z" para incluir em seu *Dicionário do viajante insólito.*

Portuguese-English Vocabulary List

Substantivos

Atentado *m*	outrage; attempted assassination
Embalagem *f*	packaging
Encomenda *f*	an order (for goods); task, incumbency
Patins *m*	roller skates
Zebra *f*	zebra

Adjetivos

Gêmeo(a) *m/f*	twins
Indignado(a) *m/f*	indignant
Sorridente m/*f*	smiling

Verbos

Abranger	to embrace, enlose; to comprise, include
Aprontar-se	to get ready (to go out, for example)
Conter	to contain
Crescer	to grow
Encaixar	to box, to set or fit into a groove; to introduce, to insert
Encerrar	to finish, to end
Montar	to put together

APÊNDICE I
Figuras de linguagem

Figuras de pensamento

1. **A metáfora**: consiste em identificar dois termos entre os quais existe alguma relação de semelhança.
2. **A metonímia**: consiste no emprego de um termo por outro, dada a relação de semelhança ou a possibilidade de associação entre eles.
3. **A antonomásia**: variedade de metonímia que consiste em substituir um nome de objeto, entidade, pessoa etc. por outra denominação que caracterize uma qualidade universal ou conhecida do possuidor.
4. **O oxímoro**: combinação de palavras de sentido oposto que parecem excluir-se mutuamente, mas que, no contexto, reforçam a expressão.
5. **A hipérbole**: ênfase exagerada.
6. **A metagoge**: atribuição de características peculiares dos seres humanos aos animais e às coisas inanimadas.
7. **O zoomorfismo**: atribuição de características animais a seres humanos.
8. **O eufemismo**: palavra ou expressão que substitui outra considerada vulgar, de mal gosto ou tabu.
9. **A sinédoque**: substituição de um termo por outro, em que os sentidos destes termos têm uma relação de extensão desigual (ampliação ou redução).
10. **A pergunta retórica**: interrogação que não tem o objetivo de obter uma informação ou uma resposta. Este recurso estilístico é usado para criar interesse nos espectadores, ouvintes ou leitores e enfatizar uma conclusão já sabida de antemão.
11. **A alusão**: consiste na referência explícita ou implícita a uma obra de arte, um fato histórico ou um autor.
12. **A ironia**: recurso por meio do qual se diz o contrário do que se quer dar a entender.

13. **A sinestesia**: cruzamento de sensações; associação de palavras ou expressões em que ocorre combinação de sensações diferentes numa só impressão.
14. **A paraprosdokian**: da última parte de uma sentença ou frase é de tal modo surpreendente que faz com que o interlocutor refaça a primeira parte. É muitas vezes usada para provocar um efeito humorístico ou dramático, às vezes produzindo um anticlímax.
15. **A antanáclase**: forma de jogo de palavras em que uma palavra é repetida em dois sentidos diferentes.
16. **O trocadilho**: uso de expressão ou palavra que dá margem a diversas interpretações.

Figuras de construção

1. Por omissão:
   a. **A elipse**: supressão de um termo que pode ser facilmente subentendido pelo contexto lingüístico ou pela situação.
   b. **A parataxe**: seqüência de frases justapostas, sem conjunção coordenativa.
2. Por excesso:

   O polissíndeto: aplica-se à coordenação de várias palavras, através da repetição de uma ou mais conjunções ou preposições. A palavra "polissíndeto" é de origem grega e baseia-se nas partículas "poly" (que se traduz como "muitos") e "syndeton" (que expressa a ligação entre vários elementos).
3. Por transposição:

   O hipérbato: transposição ou inversão da ordem natural das palavras de uma oração, para efeito estilístico.
4. Por repetição:

   O paralelismo: seqüência de frases com estruturas gramaticais idênticas.

Apêndice II
Reforma ortográfica

Em janeiro de 2009, o Presidente do Brasil, Luís Inácio Lula da Silva, assinou o *Acordo Ortográfico da Língua Portuguesa*. Trata-se de um conjunto de regras que objetivam unificar a ortografia dos países de língua portuguesa. As novas regras aplicam-se somente à escrita e, portanto não têm nenhum impacto na língua falada.

O plano é que as novas regras comecem a ser aplicadas em janeiro de 2009, mas que as atuais sejam aceitas até dezembro de 2012. Devido à grande resistência que o *Acordo* vem encontrando, optamos por não o adotar neste livro, Nossa decisão também levou em conta o fato de que o livro de Moacyr Scliar foi, obviamente, escrito de acordo com a "antiga" ortografia. Também foi decisivo o fato de que a reforma ortográfica atinge apenas 2% da escrita. Finalmente, ainda há pontos obscuros que precisam ser esclarecidos. Por exemplo, em artigo publicado na Folha de São Paulo em 27 de outubro de 2008, Ricardo Westin relata que "nos dicionários "Houaiss" (ed. Objetiva) e "Aurélio" (ed. Positivo), nas recém-lançadas versões de bolso, que já contemplam as mudanças ortográficas [...] o "pára-raios" de hoje, por exemplo, virou "para-raios" no primeiro e "pararraios" no segundo".

Apesar de nossa precaução em não adotar o *Acordo Ortográfico da Língua Portuguesa* neste livro, acreditamos ser útil apresentar um sumário do mesmo caso os usuários desta obra achem por bem adotar as novas regras. Nesse sentido sugerimos que os professores peçam que os alunos pesquisem as novas regras e que aproveitem tanto as crônicas quanto os exercícios propostos para examinarem as discrepâncias entre as duas ortografias.

Em geral, as regras são bastante claras e de pouco impacto. Onde houve mais mudanças, as quais por sua vez geram controvérsias, é no emprego do hífen. Esperamos que o resumo a seguir seja esclarecedor e útil:

O alfabeto

O alfabeto volta a ter oficialmente 26 letras com a inclusão das três letras suprimidas (k, y e w). Na verdade, essas letras nunca desapareceram da maioria dos dicionários, inclusive no de Moacyr Scliar.

O trema

O acento é totalmente eliminado. Assim, a palavra "lingüiça" passa a ser escrita "linguiça". Permanece apenas em nomes próprios e seus derivados. Exemplo "Müller", "müleriano".

O acento diferencial

Cai o acento que diferenciava pares como pára/para e pêlo/pelo. É, no entanto, mantido em pode/pôde; por/pôr e na terceira pessoa do plural de "ter" e "vir" bem como em seus derivados (manter, deter, reter, intervir, advir, etc).

Hiatos com letras repetidas

O acento circunflexo em palavras terminadas em "êem" e "ôo(s)" desaparece. Portanto, "vôo" torna-se "voo", "vêem" torna-se "veem" e "enjôo" torna-se "enjoo".

Os ditongos abertos "éi" e "ói"

Elimina-se o acento nos ditongos abertos "éi" e "ói" em palavras paroxítonas. Portanto, "idéia" torna-se "ideia" e "paranóico" torna-se "paranoico".

O "i" e o "u" depois de ditongos

Cai o acento no "i" e no "u" quando aparecem após ditongos em paroxítonas. Portanto, "baiúca" torna-se "baiuca' e "feiúra" torna-se "feiura".

O "u" tônico em verbos terminados em "-guar", "-quar" e "-quir"

O "u" que soa forte nas sílabas "gue", "gui", "que" e "qui" deixará de ser acentuado. Portanto, "argúi" torna-se "argui" e "averigúe torna-se "averigue".

Mudanças no uso do hífen

A questão do uso do hífen é a mudança mais complexa. Como há ainda muitos pontos controvertidos, vamos expor apenas algumas das regras mais aceitas. 1) O hífen não será usado quando o prefixo terminar em vogal e o segundo elemento começar por "r" ou "s". Exemplos: "antirrugas" e "ultrassom." 2) Quando o prefixo terminar em vogal e o segundo elemento começar pela mesma vogal, deve-se usar o hífen. Exemplos: "anti-imperialista" e "micro-ônibus". 3) Se o prefixo terminar em consoante e o segundo elemento começar pela mesma consoante, deve-se usar o hífen. Exemplos: "inter-racial" e "super-resistente".

Apêndice III
Portuguese-English Vocabulary List

Substantivos

Acervo *m* — collection
Adolescente m/f — teenager
Aduana *f* — customs, see p. 99
Aeronaves *f* — aircrafts; airships
Aeroporto *m* — airport
Aflição *f* — affliction
Albergue — hostel; lodge
Alfândega *f* — customs, see p. 99
Alívio *m* — relief
Alojamento *m* — lodging; accommodation
Alto-falante *m* — speakers
Alvo *m* — target; aim
Aposento *m* — room
Arbusto *m* — bush
Arma *f* — gun
Assaltante *m/f* — robber
Atentado *m* — outrage; attempted assassination
Ausência *f* — absence
Avental *m* — apron
Bairro *m* — area within a city, neighborhood
Banco *m* — benches; banks
Banheiro *m* — bathroom, restroom
Bar *m* — bar
Barco *m* — boat
Barraca *f* — tent
Batalha *f* — battle
Berço *m* — cradle, the birthplace
Bilheteria *f* — ticket booth
Bibliófilo *m/f* — bibliophile, booklover, book collector
Boca *f* — mouth
Bolsa *f* — purse
Briga *f* — fight; argument
Butique *f*–boutique
Caçada *f* — hunt
Cais do porto *m* — dock; pier
Caixa *f* — box
Calefação *f* — heating unit
Calor — hot, heat
Campainha *f* — doorbell
Cartaz *m* — poster; show bill
Casal *m* — couple
Caverna *f* — cave
Cemitério *m* — cemetery
Cenário *m* — scenery
Censura *f* — censorship
Cerâmica *f* — ceramics
Chão *m* — floor
Chave *f* — key
Chiclete *m* — chewing gum
Chuveiro *m* — shower
Combate *m* — fight
Comiseração *f* — commiseration
Compra *f* — purchase
Compromisso *m* — commitment
Consumo *m* — consumption
Conta *f* — bill
Contrabando *m* — contraband
Coroa *f* — crown

Coroamento *m* — crowning
Cozinheiro/(a) *m/f* — cook
Crepúsculo *m* — twilight, dusk
Decepção *f* — disappointment
Dedo *m* — finger
Descaso *m* — negligence, inattention; disregard
Deslumbramento *m* — dazzling; fascination, captivation
Desprezo *m* — contempt, disdain, scorn
Derrota *f* — failure; loss
Destino *m* — destiny
Diária *f* — daily rate
Dica *f* — tip, helpful advice; clue
Embalagem *f* — packaging
Encomenda *f* — an order (for goods); task, incumbency
Engano *m* — a mistake, an error
Entranha *f* — viscera; bowels; womb; (coll.) profundity, insides, core
Epitáfio *m* — epitaph
Escritor(a) *m/f* — writer
Escuridão *f* — darkness
Esmola *f* — alms, charity
Espada *f* — sword
Espanto *m* — surprise; astonishment; shock
Estação ferroviária *f* — train station
Estrada *f* — highway
Exposição *f* — exposition; public exhibition or show
Fã *m/f* — fan
Faxineira *f* — cleaning person (f)
Fenda *f* — crack, chink; fissure, gap, crevice
Firma *f* — commercial or industrial establishment; seal; signature
Fogão *m* — stove
Folheto *m* — pamphlet, booklet
Fome *f* — hunger
Fortaleza *f* — fortress
Fracasso *m* — failure
Gabinete *m* — office, cabinet; ministry, body of ministers
Garrafa *f* — bottle
Gorro *m* — hood
Grade *f* — bars
Grana *f* — money (slang)
Gravata *f* — tie
Gripe *f* — flu
Hóspede *m/f* — guest
Inferno *m* — hell, inferno
Ingresso *m* — ticket
Intervalo *m* — intermission
Inveja *f* — envy
Jaqueta *f* — jacket
Jardim *m* — garden
Jazigo *m* — grave, tomb, vault
Lágrima *f* — tear, teardrop
Lâmpada f — lightbulb
Lápide *f*–gravestone
Leite *m* — milk
Lenda *f* — tale
Levantamento *m* — survey
Limpeza *f* — cleanliness
Lista *f* — list
Livraria *f* — bookstore
Livreiro *m/f* — bookseller
Lixo *m* — trash
Luta *f* — fight
Macaco(a) m/*f* — monkey
Mágico(a) m/*f* — magician; magic
Mala *f* — suitcase
Marfim *m* — ivory
Medalha *f*-medal
Mel *m* — honey
Melancolia *f*–melancholy
Mendigo(a) *m/f* — beggar
Monarca *m* — monarch
Montanha-russa *f*– roller coaster
Mortalha *f* — shroud
Morte *f* — death
Morto (a) *m/f* — the dead
Mudança *f* — change, move

Muralha *f* — wall
Naufrágio *m* — shipwreck
Negociante *m/f* — negotiator, business person
Nevasca *f* — snowstorm
Neve *f* — snow
Órfão(ã) *m/f* — orphan
Orgulho *m* — pride
Outono — fall (season)
Pacote *m* — package
Paisagem *f* — landscape, view, scenery
Palácio do governo *m* — government palace
Palco *m* — stage
Papel higiênico *m* — toilet paper
Papo *m* — chat
Parlamento *m* — parliament
Patins *m* — roller skates
Patrocinador(a) m/*f* — sponsor
Pensão *f* — pension
Peregrinação *f* — pilgrimage
Peixe *m* — fish
Pôr-do-sol *m* — sunset
Praia — beach
Prata *f* — silver
Prateleira *f* — shelf
Raiva *f* — anger
Recanto m — retreat, nook, corner, cubbyhole
Refeição *f* — meal
Rei *m* — king
Restaurante *m* — restaurant
Rosto *m* — face
Roteiro *m* — itinerary
Sacola *f* — bag
Selo *m* — stamp
Semente *f* — seed
Sepultura *f* — sepulcher, grave, tombstone
Sereia *f* — mermaid
Sertanejo(a) m/*f* — inlander, dweller of the backlands
Susto *m* — fright
Tamanho *m* — size
Tampa *f* — bottletop
Tela de monitor *f* — monitor screen
Terno *m* — suit
Tesouro *m* — treasure
Toalha de papel *f* — paper towel
Torneira *f* — faucet
Transeunte *m/f* — transient, passer-by
Trocado *m* –change
Troféu *m* — trophy
Truque *f* — trick
Túmulo *m* — grave; tomb
Tédio *m* — boredom
Umbigo m — belly button
Vantagem *f* — advantage
Veludo *m* — velvet
Vendilhão(ona) *m/f* — peddlers, hawkers
Vento *m* — wind
Vergonha *f* — embarassment
Vingança *f* — revenge
Vista *f* — view
Vitrina *f* — display window
Vôo *m* — flight
Xadrez *m* — chess
Zebra *f* — zebra

Adjetivos

Abafado(a) *m/f* — stuffy
Acanhado(a) *m/f* — timid, bashful; awkward
Acalorado(a) m/*f* — warm
Abençoado(a) m/*f* — blessed
Alegre *m/f* — happy
Aliviado(a) *m/f* — relieved
Amargo(a) m/*f* — sour
Amistoso (a) m/*f* — friendly
Amplo(a) m/*f* — ample, wide; extensive, spacious
Angustiado(a) m/*f* — anguished
Antigo(a) m/*f* — old, antique
Apertado(a) m/*f* — tight (to really need to go to the bathroom)

Apressado(a) m/*f* — in a hurry
Arrebatador (a) m/*f* — ravishing, charming; overpowering
Ascético(a) m/*f* — ascetic, contemplative
Barato(a) *m*/*f* — inexpensive; cheap
Baixo(a) m/*f* — short
Barulhento(a) m/*f*— noisy
Belíssimo(a) m/*f*— very beautiful, most beautiful
Belo(a) m/*f* — beautiful
Bobo(a) *m*/*f* — silly
Bonito(a) m/*f* — beautiful
Caderneta *f*— bank-book, notebook
Cavernoso(a) m/*f* — cavernous
Cego(a) *m*/*f* — blind
Cheio (a) *m*/*f* — full
Condimentado(a) m/*f*— well-seasoned food
Convulsionado(a) m/*f* — convulsed; agitated, disturbed
Crescente *m*/*f*— crescent; increasing, growing
Decente(a) *m*/*f* — decent
Decorado(a) m/*f* — decorated
Derradeiro (a) *m*/*f*— last
Derrotado (a) *m*/*f* — defeated
Desafiador(a) m/*f* — defiant; challenging
Desconhecido (a) *m*/*f*– unknown
Desempregado(a) *m*/*f*–jobless
Deslumbrante *m*/*f*— dazzling, flaring, seductive
Desolado(a) *m*/*f* — desolate, forlorn
Desumano(a) m/*f*– inhumane
Distante *m*/*f*— distant
Elegante *m*/*f*-elegant
Empalhado(a) m/*f* — stuffed
Enfastiado(a) m/*f* — bored, annoyed
Enigmático(a) m/*f* — enigmatic, mysterious
Enorme *m*/*f*— enormous, huge
Encarquilhado(a) *m*/*f* — wrinkled
Enfastiado (a) *m*/ *f* — disgusted; to be annoyed
Enregelado(a) m/*f* — frozen, chilled, congealed
Equilibrado(a) m/*f*— balanced
Escasso(a) m/*f* — scarce; scanty; rare, uncommon
Escondido (a) m/*f*— hidden
Esfomeado(a) *m*/*f* — incredibly hungry
Especializado(a) m/*f*-specialized
Espertalhão(ona) *m*/*f*— sly or tricky person; a bad or dishonest person; a villain or rascal
Esperto(a) *m*/*f* — smart
Espetacular *m*/*f*— spectacular
Estreito(a) m/*f* — narrow
Fácil *m*/*f*— easy
Forte *m*/*f*— strong
Frio(a) m/*f*— cold
Fúnebre(a) m/*f* — funereal; dismal, macabre
Furioso (a) *m*/ *f* — furious
Gelado(a) m/*f* — frozen
Gélido (a) m/*f* — frozen
Gêmeo(a) m/*f*— twin
Grávida *f* — pregnant
Guloso(a) m/*f* — glutton
Horrorizado (a) *m*/*f*— horrified
Imaculada (o) *m*/*f*– immaculate
Implacável (a) m/*f* — implacable; irreconcilable; relentless
Inamistoso (a) m/*f* — unfriendly
Indelével *m*/*f*— indelible
Indignado(a) m/*f*— indignant
Limpo(a) *m*/*f* — clean
Maldito (a) m/*f* — cursed, confounded, darned, damned
Mal-educado(a) m/*f*— impolite
Maravilhoso(a) m/*f* — marvelous
Misterioso (a) m/*f* — mysterious
Modesto (a) m/*f* — modest
Monótono(a) m/*f*— monotonous

Mumificado(a) m/*f* — mummified
Nu(a) *m/f* — nude
Pacato(a) m/*f*— calm, tranquil
Penoso(a) m/*f*— painful, dolorous; difficult, hard, arduous
Perplexo(a) m/*f* — perplexed
Pacato(a) m/*f*— calm, tranquil
Penoso(a) m/*f*— painful, dolorous; difficult, hard, arduous
Pesado(a) m/*f*— heavy
Poderoso(a) m/*f* — powerful
Precário(a) *m/f* — precarious
Precioso(a) m/*f* — precious
Predileto(a) m/*f* — favorite
Problemático(a) m/*f*— problematic
Profundo(a) m/*f*— profound, deep
Próspero(a) *m/f* — prosperous
Provisória (o) *m/f* — temporary
Rasgado (a) m/*f* — torn
Reduzido (a) m/*f*— reduced
Resignado(a) m/*f* — resigned
Sangrento(a) *m/f* — bloody
Satisfeito(a) m/*f* — satisfied
Sinuoso (a) m/*f*— sinuous
Solene *m/f*– solemn
Sorridente m/*f* — smiling
Surpreendente *m/f* — surprising; astonishing
Temido(a) m/*f* — feared
Torcido(a) *m/f* — tortuous, twisted; crooked, sinuous
Útil *m/f*— useful
Vistoso(a) m/*f*— showy, good-looking, stately, attractive; dressy, flashy; ostentatious; gallant, handsome

Verbos

Abordar — to board; to attack; to approach, to accost
Abraçar — to hug
Abranger — to embrace, enlose; to comprise, include
Acampar — to camp
Achar-se — to find oneself
Acompanhar — to accompany, to keep company
Acontecer — to happen
Acreditar — to believe
Acrescentar — to add
Adormecer — to fall asleep
Adquirir — to acquire
Advertir — to warn
Aguardar — to wait
Agüentar — to put up with
Ajudar — to help
Alugar — to rent
Ancorar — to anchor
Apaixonar-se — to fall in love
Apoiar — to rely upon, to support
Aposentar-se — to retire
Apregoar — to proclaim, to make known
Aprontar-se — to get ready (to go out, for example)
Aproveitar — to use to advantage; make good use of; put to good use
Assassinar — to kill, assassinate
Assistir à — to watch
Atrapalhar — to confuse, upset, perturb; to get mixed up, become confused
Atravessar — to cross
Atropelar — to run over
Bolar — to put together a plan
Brigar — to fight
Bradar — to shout, scream
Buscar — to get
Cair — to fall
Carregar — to carry
Castigar — to scold, to castigate
Cavar — to dig
Cobrar — to charge
Confessar — to confess
Congelar — to freeze
Conseguir — to get, to manage
Contentar-se — to be happy, to be content

Conter — to contain
Costurar — to sew
Crescer — to grow
Curvar — to curve
Debitar — to charge, to bill, to debit
Decolar — to take off, to lift off
Deitar — to lay down
Demorar — to take a long time
Desaparecer — to disappear
Desaprovar — to disapprove
Descer — to go down
Desconversar — to break off a conversation, to change the subject, to dissimulate
Descortinar — to disclose, expose to view; show, reveal
Desencadear — to unleash, unchain, unlink
Desistir — to give up; to quit
Despedir-se — to say good bye
Despir-se — to undress
Destruir — to destroy
Deter — to detain
Dificultar — to make difficult
Dispor-se — to be ready for anything
Dormir — to sleep
Ecoar — to echo; to reverberate
Embarcar — to board
Empurrar — to push
Encaixar — to box, to set or fit into a groove; to introduce, to insert
Encerrar — to finish, to end
Enganar — to trick
Enterrar — to bury
Entregar — to deliver, to give yourself up to something
Enviar — to send
Escapar — to escape
Espreitar — to peep, pry, observe attentively; to spy
Esmagar — to squash
Espalhar — to spread
Esperar — to wait
Estragar — to ruin; to spoil
Evitar — to avoid
Expor-se — to expose oneself
Extraviar — to be lost, or become lost
Figurar — to figure, to portray; to trace, outline; to shape, form; to represent, symbolize
Fingir — to make believe; to pretend
Gritar — to scream, to yell; to shout
Hospedar-se — to stay as a guest
Ignorar — to ignore
Incendiar — to set on fire
Levar — to take, to carry
Limitar-se — to limit oneself
Lutar — to fight
Manter — to maintain
Mascar — to chew
Medir — to measure
Mentir — to lie
Montar — to put together
Mostrar — to show
Mudar — to move, to change
Murmurar — to murmur
Notar — to notice
Ocultar — to hide, to cover
Odiar — to hate
Percorrer — to pass or run through; to visit or travel all over; to traverse, cross
Perder-se — to lose oneself
Perfumar-se — to perfume oneself
Permear — to permeate, penetratc; to transverse; to interpose, to place between
Perseguir — to follow closely, to chase; to persecute; to harass
Perturbar — to annoy; to perturb
Poupar — to save
Pousar — to land
Praguejar — to curse, to swear
Pregar — to nail; to be exhausted, to preach, to sermonize

Prescindir — to prescind, dispense, leave out or aside; to renounce, to do without
Pretender — to intend
Proibir — to prohibit
Proporcionar — to provide; to offer
Quebrar — to break
Queixar — to complain
Queixar-se — to complain
Reclamar — to complain
Recolher — to guard, to preserve; to take care of
Remeter — to remit, to send, to forward, to mail, to post
Remontar — to ascend, to go up, to repair, mend; to speak about something long forgotten or dead persons; to cause to take refuge in the mountains
Render-se — to surrender
Reservar — to make a reservation
Resistir — to resist
Resolver — to resolve; to decide
Revistar — to review, to examine
Rir — to laugh
Roncar — to snore
Saborear — to savor
Sapatear — to tap dance
Satisfazer — to satisfy
Segurar — to hold
Soar — to sound; produce a sound; toll, peal, chime; be spread or rumored
Sonhar — to dream
Sorrir — to smile
Subir — to go up
Sumir — to disappear
Suspirar — to sigh
Talhar — to shape; to sculpt, to chisel
Tatear — to fumble, grope
Tornar-se — to become
Transtornar — to overturn; to unsettle; to disturb, perturb
Trocar — to exchange
Vagar — to roam
Voar — to fly

Photo Credits

page	
xi	© Morris Bowie
1	© istockphoto / Sandy Jones
11	© istockphoto / Tom Tomczyk
17	© istockphoto / Keith Reicher
25	© istockphoto / Antonio Ribeiro
35	© istockphoto / Suemack
36	© Gregory Rose
43	© istockphoto / George Clerk
49	© istockphoto / William R. Minten
57	© istockphoto / Dr. Heinz Linke
65	© Patricia Isabel Sobral
67	© Gregory Rose
73	© istockphoto / Maria Toutoudaki
74	© Gregory Rose
81	© istockphoto / Mark Evans
87	© Patricia Isabel Sobral
95	© istockphoto / Marc Fischer
101	© istockphoto / Iain Sarjeant
107	© istockphoto / Wim Burger
113	© istockphoto / Teresa Hurst
115	© istockphoto / Andrejs Zemdega
121	© Marcos Nogueira César
127	© istockphoto / Andrea Laurita
129	© istockphoto / Giorgio Fochesato
133	© Patricia Isabel Sobral
139	© istockphoto / Chan Chun Tak
145	© Manoel Sobral Jr.
151	© Manoel Sobral Jr.
155	© istockphoto / Milos Luzanin
161	© Manoel Sobral Jr.
165	© istockphoto / Martha Bayona
169	© istockphoto / David Lewis